কবিতা — পথ ও প্রান্তর

AF429333

কবিতা — পথ ও প্রান্তর

কবিতা – পথ ও প্রান্তর

মুন্সী মহম্মদ ইউনুস
শুভদীপ মৈত্র
অরণ্য বন্দ্যোপাধ্যায়

Kobita — Poth o Prantor
A collection of Bangla essays on contemporary
poesy

প্রথম প্রকাশ: জুন, ২০১৭

প্রকাশক: শান্তবী

যোগাযোগ: এ-১০/১, অমরাবতী, সোদপুর, কলকাতা ৭০০১১০
Email: thethirdeyeimprint@gmail.com

প্রচ্ছদ: বিতান চক্রবর্তী

ISBN-13: 97893-85782-65-7 [Paperback]
বিনিময়: ৭০ টাকা

রচনাসমূহ

কবিতা যেভাবে

মুন্সী মহম্মদ ইউনুস

আসলে মানুষের কোনও একক পরিচয়ে তাকে ধরা যায় না। যদি আমরা পরিবারের চৌহদ্দির কথাই বলি তবে দেখতে পাব একজন একদিকে যেমন বাবা বা মা, ঠিক সেই রকমভাবে তিনি কারো বন্ধু, তিনি কারো সন্তান। আবার তার একটা পেশাভিত্তিক পরিচয়ও আছে। আর, এই সবকিছু মিলেই একজন একক ব্যক্তিমানুষের পরিচয় তৈরি হয়। আমাদের বর্তমান লেখার মূল বিষয় হলো — কবিতা যেভাবে। কিন্তু এই মূল প্রসঙ্গে যাওয়ার আগে কয়েকটি কৈফিয়ৎ দিয়ে নেওয়া একটু জরুরি। সেটি কেন তারও একটা ছোট্ট কাহিনী আছে। ব্যক্তিগতভাবে কবিতাকে ঘিরে আমার ভালোবাসা। কবিতা লিখিও ইতিউতি। প্রকাশিতও হয়েছে। ফলে একভাবে আমার নামের সঙ্গে কবি পরিচয়টি দিব্যি চাপিয়ে দেওয়া যায়। আবার, আমার পেশাভিত্তিক পরিচয় অধ্যাপনা। এই দুই মিলে যদি কেউ আমাকে কবিতার সংজ্ঞা নিরূপণ করতে বলেন তাহলে কিন্তু আমি একটু মুশকিলে পড়ে যাব। কেননা একাডেমিক আলোচনার যে দাবী, আর ক্রিয়েটিভ আলোচনার যে দাবী, এই দুটোর

মধ্যে একটা সূক্ষ্ম বিভেদ আছে। একাডেমিক আলোচনা অনেকটা চুলচেরা। তার মধ্যে ব্যক্তিগত পছন্দ-অপছন্দ, ভালোলাগা-মন্দলাগাগুলো যে থাকবে না তা নয়, কিন্তু এই বিষয়টাকে ছাপিয়ে তার মধ্যে একটা নির্মোহ ভাব, এক নির্মোহ আবেগ কাজ করে। অন্যদিকে, যখন একটা ক্রিয়েটিভ লেখার সৃজন হয় তখন তার মধ্যে অনেক বেশি মমতা, অনেক বেশি ব্যক্তিগত বিষয় থাকে।

কাজেই আমার বলে নেওয়া জরুরী যে বর্তমান লেখার মধ্যে আমি দ্বিতীয় ধারাটিকেই বেছে নেব। যেখানে একাডেমিক নির্মোহতা অনেক কম থাকবে, তুলনায় ব্যক্তিগত আবেগটাই বেশি। দ্বিতীয়ত, এই আলোচনায় সবচেয়ে বেশি যা ঘিরে থাকবে তা হল সমকালীন কবিতার প্রবণতা, কবিতার বিষয়। বেশিরভাগ লেখকের ক্ষেত্রেই এটা দেখা যায় যখন এধরনের আলোচনা করা হয় সেখানে বেশ কিছু কবির নাম, তাদের কবিতা, উদ্ধৃতি — এগুলোই একটা বড় এলাকা জুড়ে থাকে। কিন্তু বক্ষ্যমান আলোচনায় আমি সযত্নে এই বিষয়টিও এড়িয়ে যাব। সমকালীন কোনও ব্যক্তি-কবির নাম, কবিতা নিয়ে আলোচনা আমরা প্রায় করবই না। তারও একটা অন্য কারণ আছে। কারণটা এই, যে আজকে যদি বাংলা কবিতার ক্ষেত্রে তাকানো যায় তাহলে দেখা যাবে, বিপুল সংখ্যক মানুষ কবিতা লিখতে আসছেন, কবিতা লিখছেন। ভালো-মন্দ সব কালেই ছিল, কিন্তু কোনও

একজন বা কিছু মানুষদের নিয়ে কথা বললে হয়তো বাকিদের ক্ষেত্রে তা অবিচার হয়ে যাবে। আর ব্যক্তিগতভাবে সাহিত্যের ছাত্র হওয়া সত্ত্বেও সমকালীন কবিদের কবিতা আমি যে অনেকটা পড়ে ফেলেছি এমনটাও নয়, সে সংখ্যাও সীমিত।

এ পর্যন্ত আলোচনার পর আমরা আমাদের মূল আলোচনার প্রবেশক হিসেবে একটি মৌলিক প্রশ্নকে বেছে নেবো। প্রশ্নটি আর কিছু নয়, বহু পুরনো ও বহুকাল ধরে বহুজন এ নিয়ে আলাপ আলোচনা করেছেন। প্রশ্নটি হল, সোজা কথায় কবিতা বলতে আমরা কী বুঝবো? কবিতার সংজ্ঞা নির্ণয়ের চেষ্টা ইতিপূর্বে হয়েছে, কেউ-কেউ দেওয়ারও চেষ্টা করেছেন। কিন্তু আমি বিনয়ের সঙ্গে বলি, কবিতার কোনও সংজ্ঞা নির্ণয়ের ধৃষ্টতা করা আমার পক্ষে সম্ভব নয়। কাজেই কবিতার কোনও সংজ্ঞা আমি এখানে নির্ণয় করতে পারবো না। কিন্তু এও ঠিক, ব্যক্তিগতভাবে আমি মনে করি কবিতার আবেদন অনুভূতির ক্ষেত্রে। কাজেই এ প্রসঙ্গে আরও একটা কথা মনে পড়ে যায় তা হলো, সত্যজিৎ রায়ের 'হীরক রাজার দেশে' সিনেমাটা। যেখানে এক গায়ককে যখন রাজপ্রহরীরা ধরে আনে তখন তাকে প্রশ্ন করলে সে বলে, 'যতক্ষণ জান, ততক্ষণ গান'। কবিতা অনেকটা তেমনটাই। যা আমাদের প্রাণকে ছুঁয়ে যায়, যা আমাদের মনকে ভরিয়ে দেয়, যা আমাদের ভাবায় এবং একই সঙ্গে যা

আমাদের একটা সিদ্ধান্তের কাছাকাছি অনেক সময় নিয়ে আসে। অনুভূতির জগতে কবিতা আমার কাছে তাই। এমনই মায়াবী নির্মাণ হল কবিতা।

এভাবেই এই বাংলা কবিতার আলোচনায় বহু বিষয় এসে যায়। শুরুতে যাকে নিয়ে আমরা আলোচনা করবো তা হল কাল বিভাজন। কবিতাকে আমরা কীভাবে পড়বো? আমরা যারা বাংলা সাহিত্যের ইতিহাসের পাঠক তারা জানি যে বিশ শতক থেকেই বাংলা সাহিত্যকে পড়ার জন্য একটা কাল বিভাজন আমাদের সামনে ইতিহাসের হাত ধরে তৈরি হয়ে গেছে। প্রাচীন, মধ্য এবং আধুনিক। কিন্তু এই বিভাজনও যে বিতর্কের ঊর্ধ্বে এমনটা নয়। কেন বিতর্ক? কেন আপত্তি? এ নিয়ে আলোচনার জায়গা এটা নয় তাই আমি এই আলোচনায় যাব না। সম্প্রতি সাহিত্যের ইতিহাসের আলোচনায় আরও একটি দিশা নির্দেশের কথা আমরা বলে থাকি সেটা হল প্রাক্-উপনিবেশের যুগ, উপনিবেশের যুগ এবং উপনিবেশ-উত্তর যুগ। কিন্তু এখানেও প্রশ্ন আসে, কবিতাকে কি আমরা এভাবে ধরতে পারি? আবার কবিতার কাল বিভাজনের আরও একটি মাত্রা যেটা উনিশ শতক থেকে শুরু হয়েছিল যেখানে মহাকাব্য, আখ্যান কাব্যের যুগ এবং তারপর গীতিকাব্য এবং শেষে গদ্য-কবিতা। এটাও একটা ফর্ম ভিত্তিক আলোচনা এবং এর বাইরে একে মানা বা না-মানারও একটা বড় প্রশ্ন থেকে

যায়। আসলে আমাদের মনে হয় একটি কবিতার নির্মাণে একদিকে যেমন ভাষার ব্যবহার আছে, ঠিক একই রকমভাবে আছে তার বাক্যের নির্মাণ, তার বিষয়, বিভিন্ন রকম প্রভাব, সেটা কালগত, সমাজগত, রাজনীতিগত এবং একই সঙ্গে সেই সময়ের যে ঘটনা প্রবাহগুলো ঘটে যাচ্ছে, যে রাজনৈতিক ও সামাজিক শাসন, যার মধ্যে কবি নিজেও রয়েছেন এবং তার ব্যক্তিগত পারা, না-পারা, চাওয়া, না-চাওয়া — এই সবকিছু মিলেই একটা কবিতার নির্মাণ হয় এবং এভাবেই সময়ের সঙ্গে সঙ্গে যদি খুঁটিয়ে পড়া যায় তাহলে দেখা যাবে কবিতার এক-একটা সময়ের মধ্য দিয়ে কিছু কিছু পার্থক্য অবশ্যই ধরা পড়ে। যদি আমরা উনিশ শতকের কবিতার দিকে দেখি তাহলে দেখতে পাব সেখানে বিভিন্ন কবি, যেমন মাইকেল'ই হোন বা হেমচন্দ্র অথবা নবীনচন্দ্রই হোন, তাঁরা কবিতার বিষয় হিসেবে অনেক বড় বিষয়কে বেছে নিচ্ছেন, দীর্ঘ কবিতা লিখছেন, কাব্যগ্রন্থ রচিত হচ্ছে। রবীন্দ্রনাথও করেছেন প্রথমে। কিন্তু পরে একটু এগিয়েই আমরা দেখতে পাব রবীন্দ্রনাথ ছোট কবিতার দিকে ঝুঁকছেন। এবং তারপর কুড়ির দশক, তিরিশের দশক, চল্লিশের দশকে আমরা যখন আসি তখন দেখি যে বড় বড় বিষয়গুলো থেকে ধীরে ধীরে কবিরা সরে আসছেন ব্যক্তিগত উচ্চারণে, তবে বৃহৎ প্রসঙ্গ যে একেবারে থাকছে না তা নয়। ইতিহাস থাকছে, পুরাণ থাকছে, তবে তার ব্যক্তিগতকরণ

হচ্ছে। আমি এখানে জীবনানন্দের কথা বলছি, বলছি অমিয় চক্রবর্তী বা সুধীন্দ্রনাথ অথবা বিষ্ণু দে'র কথা। এদের লেখায় পুরাণ, দেশ-বিদেশ, প্রকৃতি, সময় — এই সবকিছু যে থাকছে না তা নয় কিন্তু আরও বড় করে তার সঙ্গে ব্যক্তিগত অভিক্ষেপ বা বোঝাপড়াটা আরও প্রখর হয়ে দেখা দিচ্ছে। পঞ্চাশ, ষাট বা সত্তরের দশকে গিয়ে যখন আমরা সুনীল, শক্তি, শঙ্খদের দেখছি, তখন আমরা বুঝতে পারছি যে ব্যক্তিগতভাবে তারা কীভাবে ইতিহাসকে দেখছেন বা কীভাবে তারা সমকালকে দেখছেন। এই ব্যক্তিক জায়গা থেকে দেখাটাই প্রধান হয়ে যাচ্ছে। আর যখন আশি, নব্বইয়ের দশকে আমরা আসবো তখন দেখব সেখানে এই ব্যক্তিগতভাবে দেখার চোখটার সঙ্গে-সঙ্গে তাদের ব্যক্তিগত হয়ে ওঠা বা অনেক পছন্দ-অপছন্দ — এগুলো কবিতার বিষয় হয়ে খুব বড় করে ঘনিয়ে আসছে। দু'হাজার পরবর্তীকাল যাকে আমরা অনেকে শূন্যকাল বলে থাকি সে আলোচনায় আমি এর পরেই আসছি। এই সময়েও কবিতার মধ্যে ব্যক্তিক কেন্দ্র থেকে কবিতাকে বোঝা এবং লেখার প্রবণতাটা খুব বলিষ্ঠভাবে আমাদের মতো পাঠকের সামনে চলে আসছে।

এখন প্রশ্ন হল, কাকে বলবো শূন্যকাল? মানে সরাসরি জিজ্ঞাস করলে যেটা দাঁড়ায়, শূন্যকাল ব্যাপারটা কী? এমন কি কিছু হয়েছিল যে ১৯৯৯ সালের ৩১শে ডিসেম্বর

রাত ১১টা ৫৯মিনিট ৫৯সেকেন্ডে যে তার পরেই বাংলা কবিতার একটা নতুন যুগের সূচনা হল? না, এমনটা বাংলার ভাষা ও কবিতার ছাত্র হিসাবে আমরা মানি না। আসলে এইভাবে কাল নির্দেশ করাও বোধহয় সম্ভব নয়। কিন্তু যে কথা আমি অনেক আগে বলছিলাম যে একটা সময়, একটা বিশেষ কালপর্বের কিছু বিশিষ্ট বৈশিষ্ট্য থাকে, প্রবণতা থাকে — যেগুলো কেন্দ্রীয়ভাবে সেই সময়ের শিল্প, সাহিত্য, ললিতকলা এই সবকিছুকে একরকম একটা দিশা নির্দেশ করে দেয়। আর এদিকে দেখতে গেলে দু'হাজার পরবর্তী মানে আমরা যদি আজ পর্যন্ত ধরে নিই, তাহলে বিগত সতেরো বছর ভারতে রাজনৈতিক, অর্থনৈতিক এবং অবশ্যই সামাজিক ক্ষেত্রে অনেক কিছু উথালি-পাতালি ঘটনা ঘটে গেছে। আমরা যদি রাজনীতির কথা বলি, তাহলে দেখবো কেন্দ্রস্তরে এবং রাজ্যস্তরে একটা বিশাল রাজনৈতিক পটপরিবর্তন বিগত দশ বছরে ঘটে গেছে এবং এই ধারাবাহিকতার মধ্যেই আমরা একই সঙ্গে দেখছি জীবিকার ক্ষেত্রেও পরিবর্তন ঘটছে। ব্যাপারটা বরঞ্চ কিছুটা উদাহরণ দিয়ে বোঝানো যেতে পারে। মানে এতদিন যে জীবিকার কথা আমরা জেনে এসেছি সেখানে সরকারি চাকরি বা বেসরকারি চাকরি এইরকমভাবে বিভাজনটা ছিল। কিন্তু সেই বিভাজন রেখাটা ক্রমশ সময়ের সঙ্গে-সঙ্গে সঙ্কুচিত হয়ে আসছে। আবার ব্যবসা বলতে বৃহৎ পুঁজির ব্যবসা বাদ দিয়ে

স্বল্প পুঁজিতে আমাদের চোখের সামনে যেভাবে ব্যবসা-বাণিজ্য আমরা দেখেছি বা বোঝার চেষ্টা করেছি, সেই ভাবনাগুলোও দ্রুত পালটে যাচ্ছে। আজ আমরা দেখছি, ফ্র্যানচাইজি এবং নেটওয়ার্কিং, এই দুটো ব্যবসায়িক ধারণা একেবারে মানুষের কাছে ইন্ডিভিজুয়াল স্তর পর্যন্ত গিয়ে পৌঁছচ্ছে। একই সঙ্গে সামাজিক নিরাপত্তার প্রশ্নটাও খুব বড় করে এই সময়কালে আমাদের সামনে আসছে। যেখানে আমরা দেখছি ধর্ম-সম্প্রদায়-জাতিগত বিষয়কে কেন্দ্র করে যে রাজনীতি, সেই রাজনীতি মানুষের মৌলিক অধিকারকে পর্যন্ত অস্বীকার করে যাচ্ছে। একটা অস্থির সময়কালের মধ্যে মানুষ রয়েছে। মানে, সব মিলিয়ে আমি বলতে পারি যে এটা একরকম ডায়কোটমি, পরস্পর-বিরোধিতা। এরই হেজিমনি যেন ব্যক্তি থেকে সমাজবদ্ধ যূথচারি মানুষ সবার উপর, সবার অলক্ষ্যে চেপে রয়েছে। কখনো আক্রমণটা সরাসরি তীব্রভাবে নেমে আসে, কখনো পেছন থেকে অলক্ষ্যে নেমে আসে। সব মিলিয়ে একটা চূড়ান্ত অনিরাপত্তার মধ্যে আজকের একজন শিল্পী-মানস বাস করে। আমরা সবাই যেন সেই আবর্তের মধ্যে ঘুরছি। বিষয়টা আমি কোনও স্থানিকভাবে বলছি না। বিশ্বজনীন আজকের যে দশা, সেটা আমেরিকা-ইউরোপ থেকে মধ্যপ্রাচ্য হয়ে আমাদের আজকের ভারতবর্ষ পর্যন্ত সব জায়গায় বিদ্যমান। আন্তর্জাতিকভাবে এরকম একটা আবহাওয়ার মধ্যে আজকে মানুষকে বাস করতে হচ্ছে এবং

এই জায়গায় দাঁড়িয়ে যখন একটি মানুষ কবিতা লিখবেন, একজন কবি যখন তার ভাব প্রকাশ করবেন; তার মধ্যে এসবের ছাপ, এসবের প্রবণতা থেকে-যাওয়াটা খুব, খুব স্বাভাবিক। আসলে শূন্যকাল আমার কাছে এটাই; ভীষণরকমভাবে বাস্তব, ভীষণরকমভাবে সমকালীন একটা প্রবণতা। এই প্রবণতার জায়গা থেকে আমরা যখন আরো এগিয়ে আসি তখন দেখতে পাই যে; আজকে যে লেখাগুলো, যে কবিতাগুলো উঠে আসছে — সেই কবিতার থ্রেডগুলো যদি আমরা লক্ষ্য করি, যদি সেই কবিতার বিষয় ও বক্তব্যকে আমরা ডিকোড করতে পারি; তাহলে আমরা দেখবো তার মধ্যে একরকম বহুরৈখিকতা এবং বহুস্বরিক — এই দুটো বিষয় রয়েছে। আপনারা কেউ হয়তো প্রশ্ন করতে পারেন — কেন বহুস্বর, কেন বহুরৈখিক? যেকোনও একটি শক্তিশালী সমকালীন কবিতাকে যদি আপনি তুলে নেন তাহলে দেখবেন যে একটি বয়ানের মধ্যে অনেকরকম বয়ানকে আজকের কবি জুড়ে দিচ্ছেন বা একই সঙ্গে একটি ভাষ্যর মধ্যে সমান্তরালে কবিতার একাধিক ভাষ্য সঙ্গে-সঙ্গে চলছে। আসলে বিষয়টা এমনটা নয় যে সাম্প্রতিক কবিতার আগে এটা ছিল না; বহুরৈখিকতা ছিল না, বা বহুস্বরিকতা ছিল না; অবশ্যই ছিল। কিন্তু একটা কেন্দ্রীয় চরিত্রলক্ষণ হিসাবে এর আগে এই ব্যাপারগুলো এভাবে উঠে আসেনি,

যেটা আমরা এখন সম্প্রতি কবিতার মধ্যে খুব বড় করে দেখতে পাই।

সমকালীন কবিতার আলোচনায় দুটি বিষয় আবশ্যিকভাবে চলেই আসে যার একটা কবিতায় ছন্দের প্রয়োগ, এবং অন্যটি গদ্যে লেখা কবিতা। আসলে এই বিষয়গুলো নিয়ে পরীক্ষা নিরীক্ষা অনেক আগে থেকেই শুরু হয়ে গিয়েছিল। তিরিশ-চল্লিশ বা ষাট-সত্তরের দশকে বিস্তৃতভাবে এই বিষয়গুলো নিয়ে আলাপ আলোচনা চলেছে। কিন্তু আমি সবার দৃষ্টি আকর্ষণ করতে চাই এখানে, তা হল তথাকথিত শূন্যকালের যে কবিরা কবিতা লিখছেন তাদের মধ্যে একটা বড় অংশ (দলবৃত্ত হোক বা কলাবৃত্ত হোক, বা মিশ্র কলাবৃত্তই হোক) ছন্দের মধ্যে কবিতাকে রূপ দেওয়ার চেষ্টাটা সেভাবে করছেন না। এর পাশাপাশি ভাঙা ছন্দে বা গদ্যে কবিতা লেখার একটা বলিষ্ঠ প্রবণতা আমরা দেখতে পারি। কিন্তু যে বিষয়টা খুব আকর্ষণীয় সেটা হল এই যে প্রথাগত ছন্দের মধ্যে কবিতা না লিখেও কবিতার মধ্যে একটা সুরের নির্মাণ শূন্যকালের কবিদের মধ্যে আমরা দেখতে পাই। অর্থাৎ আভিধানিকভাবে তাকে কোনও ছন্দের সংজ্ঞায় ফেলা যায় না। এমন অনেক কবির কবিতা আছে যা পড়লে কানের মধ্যে একটা সুরের অনুরণন চলে, একটা সুর বেঁচে থাকে। পাঠক হিসাবে আমার কাছে এই ব্যাপারটা খুব আকর্ষণীয় মনে হয়।

এই ধারাবাহিকতাতে একটা বড় প্রশ্ন যেটা চলে আসে সেটা হল সমকালীন তত্ত্ব বিশ্বের সঙ্গে শূন্যকালের কবি ও কবিতাবলির কী সম্পর্ক? আসলে তত্ত্ব এবং কবিতা তার সম্পর্ক কিন্তু ঠিক আজকের নয়; বহু প্রাচীন, বহুদিন থেকেই আছে। আমরা দেখেছি যে সত্তরের দশকে আমেরিকার হাংরি জেনারেশন থেকে প্রভাবিত হয়ে বাংলাতেও হাংরি জেনারেশন তৈরি হচ্ছে; ঠিক একইভাবে যখন জীবনানন্দ কবিতা লিখছেন বা সুধীন্দ্রনাথ দত্ত, অমিয় চক্রবর্তী, বিষ্ণু দে — যখন কবিতা লিখতে আসছেন, তখন দেখা যায় তৎসাময়িক তত্ত্ববিশ্বের ধারণা তাঁদের কাছে খুব পরিস্কার। সেটা এক্সপ্রেসিজম বা ডাডাইজম'ই হোক অথবা ইম্প্রেসিজম বা এক্সটেন্সিয়ালিজম'ই হোক। এরা কিন্তু দারুণভাবে পড়াশুনা করা এবং এই জায়গা থেকে তাঁরা কবিতা লিখেছেন। আর পিছনে যাওয়ার দরকার নেই কারণ এটা একটা ধারাবাহিক সত্যি। আজকে হাল আমলে যা কবিতা লেখা হচ্ছে সেখানে আমরা দেখতে পাচ্ছি যে তথাকথিতভাবে অনেকে দাবী করছেন আজকের দুনিয়া একটা পোস্টমডার্ন দুনিয়া, তার অনেক সংজ্ঞা বা তার অনেক জায়গা রয়েছে। কিন্তু কবিদের কথা বলতে গিয়ে আমরা দেখতে পাচ্ছি যে সেখানে লিঙ্গ রাজনীতি, নারীবাদ, সংস্কৃতি, ডিকনস্ট্রাকশন, পরিবেশবাদ এরকম সমসাময়িক বহু তত্ত্ব আসছে। আমরা দেখতে পাচ্ছি, আজকে আমাদের

মধ্যে যারা কন্টেম্পরারি কবি তাঁরা অনেকেই কিন্তু এই তত্ত্ব সম্পর্কে খুব ভালোভাবে জ্ঞাত। ফলত, তাঁরা যখন তত্ত্বগুলো জেনে কবিতা লিখছেন তখন দেখতে পাচ্ছি যে সেই কবিতাগুলোর মধ্যে একটা অন্য নির্মাণের প্রচেষ্টা। কিন্তু অনেক ক্ষেত্রে উলটটাও দেখা যায়। সমকালীন তত্ত্ববিশ্ব দ্বারা প্রভাবিত হয়ে লেখা বহু কবির ক্ষেত্রেই দেখা যায় যে তারা সমকালীন তত্ত্বকে আত্মীকরণ করতে পারেননি, ফলে অনেক সময় এটাও হয় যে মূল তত্ত্বের অর্থ না বুঝেই কেবল ব্যবহারের উদগ্র তাড়নায় তত্ত্বনির্ভর কবিতা লেখার চেষ্টা করেন। একটা উদাহরণ দেওয়া যেতেই পারে; মডার্নিজম যেখানে টোটালিটিতে (সামগ্রিকতায়) বিশ্বাসী ঠিক সেই জায়গায় পোস্টমডার্ন ওয়ার্ল্ডে (দুনিয়ায়) আমরা সেই টোটালিটির (সামগ্রিকতার) কথা বলি না, সেখানে একটা ডিসকন্টিনিউটি থাকে। এইখানে দাঁড়িয়ে অনেকেই এই ব্যাপারটা বুঝতে ভুল করে ফেলেন, এবং বুঝতে ভুল করে ফেলেন বলেই কিছু একটা নতুন শব্দ এবং নতুন কিছু করার তীব্র তাড়নায় তাঁরা কিছু একটা লিখে ফেলেই দাবী করেন যে এটা একটা পোস্টমডার্ন কবিতা হয়ে গেল। কিন্তু ব্যাপারটা একেবারেই তা নয়।

যাইহোক, এই কূট তর্কের মধ্যে আর না জড়িয়ে যদি আমরা আর একটু এগিয়ে যাই তাহলে দেখব এইসময়ের কবিতায় একটা নজর কাড়ার মতো বড় বিষয়

হল নগরায়ন। কেন এই কথা বলছি, এই কথাগুলো বলার পিছনে কারণ হল এই সময়ের কবিরা অধিকাংশ ক্ষেত্রেই কিন্তু নগরের কবি। এখানে শুধু ভৌগোলিক অবস্থানের কথা বলতে চাইছি না, মানসিকভাবেও বলছি। কারণ বাংলার গ্রাম সম্পর্কে আপনার যদি ধারণা থাকে তাহলে দেখতে পাবেন, বাংলার যে গ্রাম সেই গ্রাম কিন্তু আজকে বদলে যাচ্ছে। শুধু বদলেই যাচ্ছে না, তার আমূল রূপান্তরও ঘটছে। কেন এই কথা? এই কথা এই জন্য যে আজকে যখন আমরা গ্রামে যাই তখন দেখি সেখানেও টেলিভিশন সেট রয়েছে, সেখানেও কেবলের বা সেট-টপ বক্সের ব্যবস্থা রয়েছে। তবে শুধু এইটুকুই নয়, সেখানে শহরের ভোগ্যপণ্য ব্যবহারের ব্যপকতা রয়েছে, মোবাইল ফোন ও ইন্টারনেটের বহুল ব্যবহার চালু হয়েছে। ফলে গ্রামের সংজ্ঞাটা মানসিকভাবে আর সেই জায়গায় দাঁড়িয়ে নেই। তারও একটা পালাবদল ঘটছে। এই সামগ্রিক নগরায়নের প্রেক্ষিতে আজকের সংখ্যাগরিষ্ঠ কবি এবং তাঁদের কবিতাগুলো উঠে আসছে। ফলে সেই কবিতাগুলো অনেক বেশি নাগরিক। সেই কবিতাগুলোর মধ্যে নাগরিক জীবনের বিভিন্ন টানাপোড়েন, বিভিন্ন যন্ত্রণা, কবির না-পাওয়া এবং সেখান থেকে বেরিয়ে আসার জন্য যে নিষ্ফল লড়াই এই সব কিছুই নাগরিক চারিত্রিক লক্ষণ হিসাবে সমকালীন কবিতার মধ্যে আমরা

দেখতে পাচ্ছি। এই পাওয়ার ঠিক উলটো পিঠে আরো দুটো বিষয় রয়েছে। সেগুলি হলো, পুরাণ ও প্রকৃতির কথা।

একটু আগে যখন আমরা নগরায়ন এবং গ্রামের নগরায়নের কথা বলছিলাম, তখন দেখেছি, আজকে সমকালীন কবিতায় একদিকে যেমন বদলে যাওয়া গ্রামের পরিচয় কবিতার মধ্যে আসে, তেমনই কিছু কবি আমরা দেখেছি যারা সেই কবিতার মধ্যে আজ থেকে চল্লিশ-পঞ্চাশ বছর আগেকার যে গ্রাম সেই গ্রামকেই আঁকার চেষ্টা করেন, এবং তার প্রকৃতিকে বাস্তবের প্রেক্ষাপটে ধরার চেষ্টা করেন। আমাদের মনে হয় এটা এক ধরণের ছদ্ম-নির্মাণ। এই ছদ্ম-নির্মাণের পিছনে খুব সরাসরি দুটো কারণ থাকতে পারে; এক, সেই উক্ত কবির গ্রাম সম্পর্কে ধারণাটা বোধ হয় ততোটা বাস্তবসম্মত নয়, বা দুই, তিনি বা সেই ধরণের কবিরা বিশ-ত্রিশ-চল্লিশ বছর আগে যে কবিতা লেখা হতো, গ্রাম সম্পর্কে বা প্রকৃতির যে বাস্তবতা ছিল সেই বাস্তবতার মধ্যেই নিজেদেরকে সীমাবদ্ধ রাখতে চান।

ঠিক একইভাবে পুরাণের ব্যবহার একটা সময় বাংলা কবিতায় খুব বলিষ্ঠভাবে করা হত। বিষ্ণু দে'র কথা আমি ইতিপূর্বেই বলেছি, তিনি ভীষণভাবে পরিচিত এই পুরাণের ব্যবহার সম্পর্কে, বা আমি জীবনানন্দের সম্পর্কেও বলছিলাম। শক্তিশালী কবিদের মধ্যে আমরা জয় গোস্বামীর

কথাও টেনে আনতে পারি। এই পুরাণের ব্যবহারে পঞ্চাশের দশকে অথবা সত্তরের দশকে যে জোয়ার ছিল সেই জোয়ার কিন্তু আমাদের সমকালীন কবিতার মধ্যে সেভাবে আমরা দেখতে পাই না। কিন্তু যেটা পাই, সেটা হল এই যে সেই পুরাণকে কিছু কবি ব্যক্তিগত অনুষঙ্গে ব্যবহার করছেন। এটা একটা শৈলীগত পরিবর্তন বলে আমাদের মনে হয়।

এই ধারাবাহিকতাতেই আমরা যখন পরবর্তী পর্যায়ে পৌঁছব তখন দেখবো যে একটা সময় বাংলা কবিতা দীর্ঘদিন নির্ধারিত হয়েছে বিভিন্ন আন্দোলনকে কেন্দ্র করে, সে বাংলাদেশের স্বাধীনতা আন্দোলনই হোক, বা সত্তরের দশকের পশ্চিমবঙ্গের উত্তাল আবহের আন্দোলনই হোক, বাংলা কবিতা দারুণভাবে নির্ধারিত হয়েছে। কিন্তু আজকে এই তথাকথিত শূন্যকালের কবিতায়, দুই দশকের মধ্যে কোনও আন্দোলনশ্রয়ী সাহিত্যকে আমরা গড়ে উঠতে দেখিনি। একটি-দুটি উদাহরণ বাদ দিলে, কোনও গণআন্দোলনও দেখা যায়নি। অথচ, বলিষ্ঠ ক্ষেত্র মজুত ছিলো। এর পিছনের কারণ, চিরায়ত বাঙালি মধ্যবিত্ত মানসিকতা। এটা আরও বেশি করে পুঞ্জিভূত হয়েছে ক্ষমতার ভয় থেকে, যেটুকু আছে তাও হারানোর ভয় থেকে। কেননা রাষ্ট্রক্ষমতা আজ আরো বেশি সুচারু, অনেক বেশি সঙ্ঘটিত। ফলে কবিতার সঙ্গে গনআন্দোলনের যোগ আজ

ক্ষীণকায়। ফলে আজকের কবির লড়াইটা একক সৈন্যের মতো।

কর্পোরেট দুনিয়ার সঙ্গে কবিতার সম্পর্ক নিয়ে সাম্প্রতিক বেশ প্রশ্ন উঠছে। এই ধাঁচের নির্মাণের পিছনে একটা কারণ আছে। কারণটা হচ্ছে, একটা সময় দেখা যেত একটা ভালো গল্প বা উপন্যাস থেকে একটা চলচ্চিত্র বা একটা টিভি সিরিয়াল নির্মিত হতো, কিন্তু আজকে অদ্ভুতভাবে দেখা যায় যে একটা সিরিয়ালের যে ল্যাঙ্গুয়েজ বা ট্রিটমেন্ট, উপন্যাসে বা গল্পে আজকে সেই ট্রিটমেন্টটাকে নিয়ে আসা হচ্ছে। এই যে রিভার্স টেকনোলজি, কবিতার ক্ষেত্রেও আমরা কোনও না কোনওভাবে এটা দেখতে পাচ্ছি। কবিতার মধ্যেও একটা কর্পোরেট টোন কোনও না কোনওভাবে, কোনও-না-কোনও কবির কবিতার মধ্যে দেখতে পাওয়া যায়। আমি তার ভালো-মন্দের কথা এখানে বলব না। সচেতন পাঠকমাত্র সবাই তা জানেন। আমার কাজ হল এই প্রবণতাগুলোকে তুলে ধরার চেষ্টা। আর এই জায়গা থেকে আমরা পরবর্তী অংশে পৌঁছব।

প্রশ্ন হল, কবিতার ব্যক্তিমানুষ কোথা থেকে দেখবে নিজেকে? কোথা থেকে দেখবে কবিতাকে? করবে তার মূল্যায়ন, করবে তার সৃজন? আসলে যে কথা আমরা এর আগেই বলেছি যে বর্তমান সময়কাল এক রকম ক্ষত-বিক্ষত

সময়কাল। তার কারণ হল এই জাতীয় আন্তর্জাতিক প্রেক্ষাপট থেকে স্থানিক প্রেক্ষাপট পর্যন্ত সব জায়গায় কমবেশি ব্যক্তি মানুষের সাধ্য-সাধ্য এবং সামাজিক শক্তি এই দুইয়ের মধ্যে একটা টানাপোড়েন দেখা দিচ্ছে। এবং দিচ্ছে বলেই আজকের পৃথিবীতে দাঁড়িয়ে একটি মানুষ — সে কী পেশা গ্রহণ করবে, কী খাদ্য গ্রহণ করবে, কীভাবে চলবে, কীভাবে বলবে — সবটাই একটা দৃশ্য বা অদৃশ্য শাসনের মধ্যে তাকে নিয়ন্ত্রিত করছে। এবং এই নিয়ন্ত্রণ বলয়ের মধ্যে থাকার কারণেই আমরা দেখতে পাচ্ছি সেই সৃজনশীল মানুষের ভিতরেও ক্ষতগুলো তৈরি হয়ে যাচ্ছে। বিশ্বাস ভেঙে পড়ছে। আর এই সব কিছুর মধ্যে আজকের কবি যে কাজটা করেন তা হল তিনি একটা বিস্ময়ের চোখ নিয়ে এই পুরো বিষয়টাকে দেখেন। হ্যাঁ, প্রতিবাদ যে তার কবিতা থেকে বেরোয় না এমনটা নয়, অসহমত যে তার কবিতা থেকে বেরোয় না এমনটা নয়; যেমন হেলাল হাফিজের কবিতায় যে উচ্চারণ—

"এখন যৌবন যার মিছিলে যাবার তার শ্রেষ্ঠ সময়
এখন যৌবন যার যুদ্ধে যাবার তার শ্রেষ্ঠ সময়"।
(নিষিদ্ধ সম্পাদকীয়)

এই উচ্চারণ এখন আর আমরা পাই না, এটা আমাদের মেনে নিতে হবে। কিন্তু তা বলে আজকের চূড়ান্ত যন্ত্রণাটা কোন অংশেই মিথ্যা নয়। এই অনুভূতির স্তর নিয়ে

যখন আজকের কবি কবিতা লিখছেন তখন তার নির্মাণশৈলীর বিষয়টাও কিন্তু খুব গুরুত্বপূর্ণ, খুবই চিত্তাকর্ষক। কেন এই কথা বলছি? এই কথাটা এইজন্য বলছি যে এ ক্ষেত্রে অনুভূতিটা জরুরী। কেননা আজকের প্রেক্ষিতে কবি ও তার পাঠক উভয়ই কিন্তু বদলে যাচ্ছেন। পেশা বদলাচ্ছে, কবিতার লড়াইও বদলাচ্ছে। বিষয়টা একটু খোলসা করে বলা যেতে পারে। কারণ হল, পূর্ববর্তী সময়ে মানুষ একটা স্থির পেশার মধ্যে ছিল। অর্থাৎ কেউ ডাক্তার, ইঞ্জিনিয়ার, কেউ উকিল, কেউ শিক্ষক এরকম স্থির পেশা। বেসরকারি চাকরি যে ছিল না তা নয়। তাও ছিল। কিন্তু আজকের দিনে দাঁড়িয়ে বেসরকারি ক্ষেত্রে তো বটেই সরকারি ক্ষেত্রেও প্রত্যেকে একটা নির্দিষ্ট লক্ষ্যকে সামনে রেখে দৌড়াচ্ছে। এবং এই দৌড়ানোর মধ্যেই কিন্তু বাকি বিষয়গুলো কাজ করছে। ফলে আজকের পাঠক বা কবি মানস কারোর মধ্যেই বিগত শতকের স্থৈর্যের অবকাশটুকুও নেই। এতটাই বাস্তব আজকের প্রেক্ষিতটা। যদি কবিতার ক্ষেত্রে ফেরও বলা হয়, তাহলে দেখবো যে আজকের তারিখে দাঁড়িয়ে কবিতার লড়াইটা বদলে গেছে। কেননা আগে একটি কবিতা, একটি গল্প বা একটি উপন্যাসের প্রতিস্পর্ধী হিসেবে ললিত কলায় কি আসতো? আসতো একটি নাটক, একটি সিনেমা, কিন্তু আজকে যখন গুগল থেকে মাইক্রোসফট, হোয়াটস্‌ অ্যাপ থেকে ফেসবুক, টুইটার

থেকে ইন্সটাগ্রাম সবচেয়ে বড় বাস্তব হিসেবে দেখা দিয়েছে তখন সেই রিয়ালিটির মধ্যে থাকা মানুষরা কবিতার সঙ্গে কী করে নিজেকে রিলেট করবেন? ঠিক এখানেই আমার মনে হয় যে একটা দীর্ঘদিন পর্যন্ত, মানে বিশ শতকের শেষ পর্যন্ত এই মাধ্যমগুলোকে দারুণভাবে শত্রুপক্ষীয় হিসেবে দেখা হত। কিন্তু আজকে তা হয় না। আজকে লড়াইয়ের উপায় বদলেছে, বেঁচে থাকার উপায় বদলেছে, নতুনভাবে তথাকথিত শূন্যকালের কবিরাও নিজেদের রাস্তাকে খুঁজে নিচ্ছেন। কবিতাকে ঘিরে এই নির্মাণশৈলী প্রসঙ্গে আরও কিছু কথা নিশ্চয় আমরা বলবো। কিন্তু কবিতাকে ঘিরে একটা বড় প্রশ্ন বহুকাল থেকে চলে আসছে। প্রতিষ্ঠান এবং প্রতিষ্ঠান-বিরোধী। আমাদের শৈশবেও আমরা দেখেছি যে একদল কবি যারা প্রতিষ্ঠা পেয়েছেন। বহু সংখ্যক মানুষ তাদের চেনেন। তাদের বহু বইপত্র আছে। ঠিক তার বিপরীতে আরেক দল কবি যারা ছোট কাগজ করেন, সেখানে লেখেন। বিশাল স্পর্ধা নিয়ে তাদের কবিতার উচ্চারণ হয়। এবং তারা এটা মনে করেন যে মূল বড় প্রতিষ্ঠানে না লেখাটাই কবি হয়ে ওঠার একটা বড় পরিচয়। এটা দীর্ঘদিন পর্যন্ত বহমান ছিল। কিন্তু আজকে দাঁড়িয়ে একটা বড় অংশের কবি বা পাঠক তারা এর মধ্যে কোনও বিভাজন-রেখা টানতে রাজি থাকেন না। মানেটা হল এই যে যার বড় বানিজ্যিক প্রতিষ্ঠানে কবিতা বেরচ্ছে তার আবার

তথাকথিত একটি ছোট কাগজেও কবিতা বের হচ্ছে। আবার খুব ভালো প্রকাশক তার একটা কবিতার বইও ছাপছেন। এবং কোনওটার মধ্যেই কোন বিরোধাভাস নেই এবং আজকে একটা সংখ্যাগরিষ্ঠ অংশ এর মধ্যে বিরোধাভাস খোঁজেনও না। কারণ, বুঝে নিতে হবে যে ইঙ্গিতটা আমি এর আগেই দিয়েছি, আজকে সোশ্যাল মিডিয়া দারুণ শক্তিশালী এবং সেখানে সব রকম বিনোদনের উপায় সব সময় রয়েছে। আর তাই তো আমরা দেখতে পাচ্ছি আজকের শূন্যকালের কবি-শিল্পীরাও এই বিষয়টাকে দারুণভাবে ব্যবহার করছেন। বিভিন্ন ব্লগে আমরা কবিতা পড়ছি, আমরা কবিতা দেখছি টুইটারেও, হোয়াটস্ অ্যাপে সুন্দর সুন্দর কবিতা পরস্পরের মধ্যে বিনিময় হচ্ছে, বিভিন্ন গ্রুপে যাচ্ছে। এবং আজকে ফেসবুক কবিতার একটা বিশাল বড় প্রেক্ষিত হিসেবে ধরা পড়ছে। ফলে এই কথা বলাটা অত্যুক্তি হয় না যে আজকে হাজারে-হাজারে, লাখে-লাখে এপার-ওপার বাংলার তরুণ-বয়স্ক নির্বিশেষে কবিরা সোশ্যাল মিডিয়াকে দারুণভাবে গ্রহণ করছেন এবং তার মধ্যে দিয়েই নিজেদের পাঠকদের সঙ্গে তারা রিলেট করতে চাইছেন। আসলে এটাই বাস্তব। এটাকে কোনওভাবে অস্বীকার করা যায় না। কেন যায় না সেটা বুঝতে গেলে আমাদের একই সঙ্গে বুঝতে হবে যে আমদের আজকের পাঠক কে? আজকে আমরা এটা বলতে পারি না যে যিনি বাংলা সাহিত্য পড়ছেন কলেজ বা

ইউনিভার্সিটিতে তিনি গিয়ে একটি কবিতার বই কিনে নিয়ে এলেন, ঘরে এসে সেই বইটি পড়ছেন। না, তিনিও আজ এতটা অবকাশে থাকেন না। অন্য বিষয় যারা পড়েন বা অন্য রকম কাজকর্ম যারা করেন তারা তো থাকেনই না। হয়তো আজকের পাঠক তিনি, যিনি একটি গাড়ি চালাতে চালাতে রেড লাইটে আটকে গেছেন, একটা পাঁচ মিনিটের জ্যাম রয়েছে, তার মধ্যেই নিজের ফেসবুক একাউন্ট খুলে নতুন কোনও কবির কোনও একটা পোস্ট তাকে ট্যাগ করা হয়েছে — সেটা দু'মিনিটে পড়ে ফেললেন। এবং তারপরে এক মিনিট ভেবে নিয়ে গ্রিন লাইট দেখা গেলে তিনি চলা শুরু করলেন। এটাই বাস্তব। এটাই সমকাল। তার মানে এমনটা নয় যে কবিতার বই কিনে-পড়া বা সমালোচনা করা এই ব্যাপারটা একেবারেই নেই। আছে, দারুণভাবে আছে। কিন্তু পাশাপাশি এটাও একটা বিকল্প হিসাবে উঠে আসছে। এটাকে অস্বীকার করা যাবে না। এবং সেইজন্যই আজকে শূন্যকালের যারা কবি তাদের প্রস্তুতির ক্ষেত্রটাও সম্পূর্ণ ভিন্ন। কয়েক বছর আগে 'অলস দুপুর' ওয়েব ম্যাগাজিনে দুপুর মিত্রের কবিতা লেখায় কবির প্রস্তুতি বিষয়ে করা প্রশ্নের উত্তরে একালে ভারতীয় ইংরাজি ভাষা মাধ্যমের অন্যতম কবি কিরীটী সেনগুপ্ত বলেছিলেন—

"কিসের প্রস্তুতি? কবিতা লেখার? কবি হিসেবে প্রমাণিত হওয়ার? নাহ, কবিতা লেখাটা কোনও

কম্পিটিটিভ পরীক্ষা তো নয় যে আপনি কয়েকটি বই কিনে নিলেন, তৈরি করলেন নিজেকে, আর তারপর পরীক্ষকের সম্মুখীন হলেন। কবিতা একটা উন্মোচন। জাগরণের এক অনন্য প্রকাশ। বই পড়ে, সাহিত্যচর্চা করে সচেতনে কবি হওয়া যায় না। আচ্ছা চলুন, যদি আপনার কথাটাই বাস্তবিক সত্য মনে করি, তবে আমাকে দিন একটি সর্বাঙ্গসুন্দর, আদর্শ কবিতা লেখার নিশ্চিত ফর্মুলা। পারবেন? তাহলে তো প্রস্তুতি নিতেই হয়"।

পাঠক এবং কবি আজকের দুনিয়ায় দাঁড়িয়ে দুজনের দুজনকেই দরকার। দরকার প্রাণের দায়ে। তাই সেই প্রস্তুতিটাও হয় সবার অলক্ষ্যে। আজকে কবিকে পোশাক দিয়ে চিনে নেওয়া যাবে না । কবিতার পাঠকদের কোনও ড্রেসকোড নেই, ফেসকোডও নেই, কোনও টাইমকোড নেই। তারা যে কোনও জায়গায় যে কোনওভাবে আছেন। শুধু কবিদের তাদের উপযুক্ত কবিতা নিয়ে পৌঁছে যেতে হবে। সেটা প্রিন্ট মিডিয়ায় হোক বা সোশ্যাল মিডিয়ায়। পাঠক ঠিক খুঁজে নেবে আপনাকে। এবং এভাবেই আমার মনে হয় যে দুইয়ে মিলে কবিতার যে বাস্তবতা সেই বাস্তবতা পাঠক এবং কবি, দু'জনের হাত ধরেই বিশ্বজনীন ভাবে চলছে, চলবে। আজকের বাংলা কবিতাও তার ব্যত্যয় নয়।

ট্যারা-বেঁকা সময়; সোজাসুজি কথা

শুভদীপ মৈত্র

'সমসাময়িক' কবিতা বিষয়টা গোলমেলে, আমার কাছে একটা সময়ের পেটে ঢুকে থাকে আরেকটা সময়, তা সৃষ্টি করে চলে অফুরান নানা জ্যামিতিক অবস্থান যাকে নাম-দেওয়ার খেলার নাম সমালোচনা — আমরা ক্রিড়াশীল, জগতও তাই, কাজেই সে বিচ্যুতি আমাদের অভিপ্রেত হয় না, তাই আমিও এই বিষয় অন্বেষণে নামলুম, কৈবল্য না হোক কিছুটা মন-মন খেলা করা যাবে আপনাদের সঙ্গে।

খেলাটার প্রয়োজন আপনাদের আছে কিনা তা আপনারা ঠিক করবেন — এই পুস্তিকা যার দাম দশ-বিশ যাই হোক, তা কিনে ফেলেছেন আপনি, এবার আপনার সমস্যা হল এটা নিয়ে কী করবেন, বড়জোর আমার ও অরণ্যের সঙ্গে মন-মন তর্কাতর্কি করতে পারেন, এ লেখা পড়ে চারটে বড়সড় মেইল করতেন পারেন, বন্ধুমহলে খিস্তি মারতে পারেন বা ছিঁড়ে ফেলতে পারেন। পুরোটাই দাঁড়িয়ে যার উপর তা হল 'চয়েস'।

সমসময় সম্পর্কে কিছু বলার আগে প্রাথমিক বিষয় নিয়ে কিছু প্রাগুক্তি প্রয়োজন। ডিসক্লেমার সমেত, এই সময়ে আমার ভাবনার।

আমি কবি হিসেবে নিজেকে আলাদা করে দেখি না, আমি নিতান্ত এক কথনশিল্পী (ন্যারেটিভ আর্টিস্ট)। কথক বলতেও আপত্তি নেই (যদি না তা শুনলেই ভাবনাটা হিন্দুয়ানির দোহাইয়ে আটকে যায় গঙ্গাতীরের টিকিধারীর গ্যাঙোর-গাঙ মহাভারত, গীতা ইত্যাদিতে। কিন্তু আমার শব্দটা ভালই লাগে) এ কথা আমি আগেও লিখেছি, পরেও লিখতে হতে পারে কারণ এটা না বোঝাতে পারলে আদত ব্যাপারটাই গুলিয়ে যাওয়ার সম্ভাবনা থাকে। এই কথকের ধারণাটা আরেকটু খুলে বলি—

"কবি হিসেবে কবিতার বাইরে আমার কিছু বলার আছে কি? নিজের কবিতা সম্পর্কে কী বলা যায়? বলা যায় না বোধহয়; তরুণ কেন, প্রবীণ কবিও বলতে পারেন না নিজের কবিতা সম্পর্কে, যা বলা যায় তা হল সাহিত্য ভাবনা। আমার পক্ষে এটা বলা কঠিন এবং সহজও বটে। তার প্রধান কারণ, কবি পরিচিতিটা আমার সবচেয়ে না-পসন্দ, কারণ আমি কবি নই, বা বলা যায় শুধু মাত্র কবিতা তৈরির কারবারে আমি নেই। আমি নানা ফর্ম নিয়ে, নানা ভাবনার মূর্তি গড়ি তা কখনও কবিতা হয়ে ওঠে বা কখনও গল্প বা প্রবন্ধ (শিব গড়তে বাঁদরও যে হয়ে যায় না কখনও সখনো তাও বলতে পারিনে)।

কাজেই লিখন শিল্পকে আমি যে চোখে দেখি (অন্তত এখন দেখছি) তাকে সবাই মেনে নেবেন তার কোনো মানে

নেই। নিজেও যে মেনে নেব পরবর্তীতে তাও বলছি না, মানুষের ভাবনা বদলায়, আজ যা ভাবছি ঠিক কাল নিজেই যে তা নস্যাৎ করব না তাও বলার জো নেই।

আমার লিখনকে আমি তৈয়ের করছি একটা কথনের (কথন = ন্যারেটিভ) জায়গা থেকে। সেদিন একজন অগ্রজ কবি বললেন, আধুনিক সাহিত্য বিশেষ করে কবিতাকে অ্যাবস্ট্রাক্ট হতে হবে। আমার মন সায় দিল না এ কথায়। বহুদিন ধরেই এই বিমূর্ততার কথা শুনে আসছি। হয়তো মনে এটা গেঁথেও গেছে, কিন্তু সত্যি কি বিমূর্তই কাঙ্ক্ষিত? আমার নিজের মন তা চাইছে না, তা প্রত্যয় করছে না, বরং সে তো বলছে একটা সমান্তরাল জগত সৃষ্টির কথা। এক্সটেনশন অফ রিয়ালিটি। একটা কথন তৈরি হবে যার বাস্তবতা তার নিজস্ব, সেখানে মূর্ত বা বিমূর্তের দ্বন্দ্ব থাকবে না মোটে।

কথনটা কী নিজেই নিজেতে সিদ্ধি পেতে পারে না? বাস্তব পৃথিবী তার কাঁচামাল বা দর্শন তার ভিত্তি হতে পারে, কিন্তু সেই উপাদান দিয়ে আমরা মোটেই আসলটা আবার বানাচ্ছি না, বানাচ্ছি এমন একটা জিনিস যা অনেকটা, কী বলব, স্বপ্ন দেখার মতো। স্বপ্নের উপাদানে তো আমাদের জীবনের বাস্তবটা থাকে, কিন্তু তা জীবন নয়। আবার প্রতিচ্ছবিও বলা যায় না তাকে, কারণ তার মধ্যে মিশে থাকে আজগুবি, কাল্পনিক বহু কিছু, সেখানে ম্যাজিক কার্পেট সম্ভব

বা বৃষ্টির রঙ সবুজ হয়ে যেতে পারে। অর্থাৎ এ একদিক থেকে আছে আবার নেইও।

শুনে কারো যদি মনে হয় এ তো 'জাদু বাস্তব'-এর কথা বলছি। না, শুধু জাদু বাস্তব নয়, যে কোনো সৃজনাত্মক লিখনই একটা স্বপ্ন জগত তৈরি করে। পরীর দেশের বন্ধ দুয়ারে হানা দেওয়াই তার কাজ। যখন দন কিহোতেকে দেখি হাওয়াকল-কে লক্ষ্য করে ছুটে চলেছেন তখন মনে হয়, আরে সার্ভান্তে তো সেই সমান্তরাল স্বপ্ন জগত তৈরি করছেন। কবিতায় তো দেখি এ নতুন আমদানি নয়, যখন কোলেরিজ-এর 'কুবলা খান' পড়ি বা 'এনশিয়েন্ট মারিনার', তখন এই স্বপ্ন জগত স্পষ্ট হয়ে ওঠে। 'জাদু বাস্তব' বলতে নির্দিষ্ট শৈলী হিসেবে ইউরোপীয় গদ্যে আসতে বহু সময় নিয়েছে, কিন্তু সাহিত্যে তা নতুন নয়, মার্কেজ স্বয়ং বারবার বলেছেন 'সহস্র এক আরব্য রজনী'র কথা। আমি কবিতার কথা বলতে গিয়ে এই শৈলীর কথা তুললাম কেন? কারণ ওই যে কথন, আমি কথন-এ বিশ্বাসী।

এই জায়গাটা থেকেই আমার মনে হচ্ছে পিওর আর্ট, বা বিশুদ্ধ শিল্প বলে কিছু হয় না, 'আর্ট ফর আর্ট সেক' কথাটা নিছক পুনরাবৃত্তি। আমি কোনো রকম বিশুদ্ধ সাহিত্য-ধারণাকে, তা রিয়ালিস্ট বা নান্দনিক যাই হোক না কেন, একমেবাদ্বিতীয়ম করতে পারছি না। কে জানে এ আমার ব্যর্থতা কিনা, কিন্তু আমি দেখছি সরু-মোটা তার মিশে গেছে

ব'লে জীবন বীণা না বাজলেও লিখন বীণা ভাল মতোই বেজে উঠছে। ফ্রিভলিটি বা ঠাট্টার সঙ্গে গম্ভীর দর্শন একই সঙ্গে মাথায় থাকতে পারে, কান্নার জায়গায় হাসি, হাসির বদলে রাগ এমন তো হামেশাই ঘটে চলেছে — লেখার মধ্যে এই বহুস্বর কি আনা যাবে না? এই চেষ্টা আমাকে পাগল করে দিচ্ছে, বিশেষ করে কবিতা বা ফিকশন যখন লিখতে যাচ্ছি, সেই জায়গায় পৌঁছতে না পারার দুঃখ আমাকে সে লেখা বাতিল করতে বাধ্য করছে।

এমন একটা অনুচ্ছেদ লেখা যায় না, যা নানা রিডিং-এ নানা স্বর হিসেবে ধরা দেবে?

কবিতা না কথন, কথন না কবিতা এই বিভ্রান্তি নিয়ে থাকুক লেখার প্রচেষ্টা — এমন একটা অবস্থায় রয়েছি। এই জায়গা থেকে অ্যাপ্রোচ করছি। নিজের জীবন ও সময়কে কাটা ছেঁড়া করে একটা নির্মাণ। এই দেখাতেই মিশে যাচ্ছে ইতিহাস, ভূগোলের গণ্ডী পেরিয়ে যাচ্ছে, ফ্যাবুলা জুজেত ফালাফালা হয়ে যাচ্ছে, যেন বারোজ-এর কাট আপ-এর মধ্যেই বেঁচে রয়েছি।

একটা বই থেকে আরেকটা বই, একটা কবিতা থেকে আরেকটা কবিতা, একটা কথন থেকে আরেকটা কথন এভাবেই হয়, আগে নিজেকে বর্হেস-এর ভূত কাঁধে নিয়ে ঘুরছি মনে হত, একটা লাইব্রেরিতে বন্দি হয়ে গেছি, যবে থেকে লেখা শুরু করেছি তবে থেকেই এর হাত থেকে

নিস্তার নেই। এখন অনেকটা মুক্ত লাগে, কারণ আসলে আমরা সবাই-ই তাই, যে লিখছে সে শুধু নয়, যারা পড়ছে তারাও। কাজেই আমাদের মিলিত কোনো এক মন থেকে যে গল্প জগত তৈরি হচ্ছে লিখনে তার কিছু ক্লু বা সূত্র ছেড়ে দিতে পারি, এবং এই ধাঁধাটাই আসল মজা, সুলুক সন্ধান যে যেমন করে পারে তার খোঁজে কাটিয়ে দেয়।" [১]

এই ধাঁধা, যাহা আমার প্রিয় বর্হেস বা কালভানো, বা উমবের্তো এক্কো-তে বর্তমান, তা দেশীয় সাহিত্যের সাধারণ্যে যে খুব বিদ্যমান তা নয়, তাতে আমার কিছু যায় আসে না, শিল্পকে দেশ বা জাত দিয়ে বিচারে আমি অপারগ এবং বমন উদ্রেক ছাড়া কিস্যু হয় না। আমি নিতান্ত নাগরিকতায় বিশ্বাসী, যা জাতি ধারণার বৈরী। এই জায়গা থেকে কবিতাকে দেখতে গেলে অনেকগুলো বাঁধা সরে যায়। আরেকটা বড় সমস্যা বাজার।

কবিতা বা শিল্প বাজারজাত কিন্তু তা বাজারমুখী নয় — এইটা এতটাই সহজে বলা যায়, একটি বাক্যের বেশি বলার দরকার হয় না, কিন্তু তা সত্ত্বেও কোথাও বিষয়টা নিয়ে পাড়তে হয় প্যাঁচাল। এই প্যাঁচালের কারণ — যারা এটা বোঝে তারা অনেকেই মানতে চায় না — কারণ এটা মানতে গেলে একটা বিশাল প্রস্তুতি ও চর্চার মধ্যে নিরন্তর থাকতে হয়, যা সহজ নয় একেবারেই, ফলে একই সঙ্গে স্বীকার করা ও উল্টো পথে হাঁটাই দস্তুর হয়ে গেছে — এর

থেকে প্রথমেই না বেরলে খামোখা একটা অপরিণত তর্কাতর্কি তৈরি হয় — যেগুলো ওই মেইনস্ট্রিম, প্যারালাল, অল্টারনেটিভ এসব ছোট ছোট শব্দছকের খেলা ছাড়া আর কিছুই নয়। এগুলো চিন্তনের বিষয়ই নয়, নেহাত খবরের কাগজের ফিচার ফিঁচলেমি — এই জায়গায় একমত না হলে আমার বক্তব্যের স্রোতে এগোনো আপনাদের পক্ষে কঠিন।

স্বীকারোক্তি?

কবি হিসেবে প্রথমে বলে ফেলা উচিত কিস্যু হচ্ছে না এখনকার কবিতা। এই কথাটার অন্তর্নিহিত মানে হচ্ছে — বুঝুন যে আমি ছাড়া আর কেউ ভাল লেখে না, বাকিরা একটা আস্ত ... সে যাক এই শুনে আপনারা হাসছেন — এ তো জানা কথা, লেখকেরা কুঁদুলে জাত — কথাটা মিথ্যে নয়। কিন্তু এই ভাবনাটার বদলে যা চান সেটা আরো ভয়ঙ্কর কি না ভেবে দেখেছেন? শিল্পের মূল্য তার ঐকিকতায়, তার মেকানিকাল রিপ্রডাকশনে নয়। আপনি জাগুয়ারই কিনুন আর মারুতি, আপনার গাড়ি ভাল তখনই, যখন তা ওই মডেলের আর পাঁচটার মতো নিখুঁত। কবিতায় তা ভয়ঙ্কর। তাই যখন আপনি দেখছেন যে পরস্পর ভাল-ভাল ও গণতান্ত্রিকভাবে সম্মত কবিতা 'তৈরি' হচ্ছে, বাজার-জাত ও বাজার-আনত সেখানে সন্দেহ থাকেই তা আদৌ কৈবল্য লাভে সক্ষম কি না। মোদ্দাকথা হল, এই যে টাকও ভাল

টিকিও ভাল — এর দুদিকই আছে, কাজেই সেক্ষেত্রে আমার দিকে আঙুল তুললে খেলব না — আপনারা আমার প্রশংসা ও নিন্দা দুই বাদ দিয়েই কবিতাকে যেমন দেখেন বা দেখবেন, দেখতে থাকুন। এই লেখাটাও আসলে একটা কবিতার মতো ভেবে নিতে পারেন, বা একটা গল্প, কাল্পনিক এবং জেনেরালাইজেশন নহে।

সমসময়

সমসময় নিয়ে আগেও বলেছি ঝামেলা আছে। আমার জীবৎকালে উৎপলকুমার বসু লিখে গেছেন, বিনয় মজুমদার লিখেছেন, লিখেছেন সুনীল গঙ্গোপাধ্যায়, শক্তি চট্টোপাধ্যায়। এখনো বহু অগ্রজ উপস্থিত, তারাও নিশ্চয়ই এই সময়টাকেই ধরতে চাইছেন, তারা তাদের অতীতের গহ্বরে আটকে নেই। বুদ্ধদেব দাশগুপ্তের মতো কবি এখনো নতুন নতুন কাজ করে চলেছেন, যা আমাদের এখনকার চিন্তাকে উসকে দিচ্ছে। উল্টো দিকে বুদ্ধদেব বসু থেকে তুষার বা অনন্য রায় এরা আমার সময়ে বাঁচেননি, তবু কোনো ভাবে এদের লেখা আমার সময়ের অনেক কবির থেকেই জ্যান্ত মনে হয়। কাজেই ওভাবে ভাগ হয় না, হয় যেটা সেটা হল একজনের সাপেক্ষে দেখা, এখানে আমার চশমাটাই আমি ব্যবহার করছি, আপনাদের তার রঙ, তার

ফাটা দাগ নিয়েই দেখতে হবে, ফলে আপনাদের পছন্দ অপছন্দের কিছুটা দায় আমার উপর পড়ে বটে।

তবু একটা জায়গায় শুরু করতেই হয়, সেক্ষেত্রে নিজের সুবিধার্থে বা আপনাদেরও, গত শতকের নব্বইয়ের দশককে একটা পালা বদলের সময় হিসেবে ধরে নিচ্ছি। এই সময়ের চিহ্নগুলো আপনাদের কাছে স্পষ্ট একটু মনে করুন, বিশ্বায়নের প্রথম দিনগুলোর কথা, টেলিকম্যুনিকেশন বিপ্লব, ডিজিটাল পৃথিবীতে পদার্পণ, অন্য দিকে সোভিয়েত পতন ও উগ্রবাদের একটা নির্দিষ্ট চেহারা পাওয়া, দেশে সাম্প্রদায়িক বিভেদ তীব্র হওয়া — এগুলো আপনাদের মনে রয়েছে। এই দশকে আমি আমার বয়ঃসন্ধি কাটিয়ে যৌবনে পা রেখেছি। আমি যেহেতু দশকের শুরুতে জন্মেছি (১৯৮০) ফলে একেকটা দশক আমার জীবনেরও একেকটা দশক বটে। এ সময়ে কবিতা তখন যা পড়েছি বা পরেও পড়েছি তার থেকে পথ চলা শুরু তো বটেই। যদিও কবিতা বলতে লিরিক কানে বেজেছিল অনেক বেশি, সৌভাগ্যক্রমে নব্বইয়ের দশক লিরিক-এর দশকও। কবীর সুমনকে দিয়েই কবিতা আর গান এক জায়গায় হয়েছিল, শুধু যে সেটা তাঁর লিরিকের কবিত্ব গুণ তা নয়, তিনি তার গানের মধ্যে বাংলা কবিতার ঐতিহ্যকে সাধারণের সামনে রেখেছিলেন। তাঁর গানে ফিরে এসেছিল সমর সেন, অরুণ মিত্রদের কথা, তিনি আমাদের মতো তরুণদের চিনিয়ে দিচ্ছিলেন বাংলা কবিতার

ভুলে যাওয়া ঐতিহ্যকে। শুধু সুমন কেন, অঞ্জন দত্তর কথাও বলতে হবে যে সাবলীল ভাবে গানের মধ্যে লিখে ফেলেছিল নিজের যাপনের কথা। এত সোজাসুজি এর আগে কখনো কোনো গানে, গীতিকারের জীবনের ছোটখাটো ঘটনা উঠে আসেনি — এ কবিতারই প্রভাব। গৌতম চট্টোপাধ্যায় ও মহীনের ঘোড়ার পুনরাবিষ্কার এই সময়ই। রাজনৈতিক উচ্চারণ লিরিকের মধ্যে দিয়ে তাঁরা যা করেছিলেন তা একদিকে যেমন সলীল চৌধুরীর প্রভাব, অন্যদিকে নিজস্ব একটা ব্যক্তি শিল্পীর উচ্চারণ তৈরি করেছিল যা নতুন। এই নতুন স্বর আমাদের কানে গুনগুনিয়েছিল। নব্বইয়ের যে সব নওজোয়ান কবিরা ছিলেন তাদের মধ্যে তাই এর প্রভাব রয়েছে। ছন্দ লিরিক নিয়ে সবাই কাজ করেছেন কম বেশি। লিখেছেন চতুর্দশপদী। অনির্বাণ মুখোপাধ্যায় বা সোমাভ রায়চৌধুরীর সনেট উল্লেখযোগ্য। বিশেষ করে সোমাভ-র লেখার মধ্যে নব্বই ও তার পরবর্তী সময়কে খুঁজে পাওয়া যায়, 'তোর পোলা ইসকুলে প্রভুর ভাষায় কথা বলে/ অলাবু ভক্ষণ হেতু হইয়াছ নিও বৈরাগী!/ অ্যাঙ্গলো নরুন পাওয়া ভারতীয় নাকের বদলে' এই 'শাক্যপিরীয়' নামের সনেট-এ একই সঙ্গে দেখি কীভাবে স্বীকার/অস্বীকার করছে ঐতিহ্য ও ঔপনিবেশিকতাকে। এবং শেষ কাপলেট-এ এসে বাংলা কবিতায় যখন ফিরছে তখন বুঝতে পারলাম কীভাবে সে মিশিয়ে নিল সবকিছুকে 'জানি এবি এবি/ সিডি সিডি/

ইএফ ইএফ, জিজি/ছাতাটা সরান লর্ড! বাঙলার আঁখিজলে ভিজি’। সোমাভ-র কবিতা আমাকে টেনে নিয়ে গেছিল ছন্দের কাছে, আমি গদ্য কবিতাতে স্বচ্ছন্দ (!) ছিলাম, আছিও। কিন্তু আমার সময়কে এক্সপ্রেস করতে অসুবিধে হয়নি ছন্দে তার কারণ অনেকটাই সোমাভ-এর কবিতা। এক্ষেত্রে দীপঙ্কর বাগচীর কথাও বলতে হবে এত সহজে সে লিখতে পারে কবিতায় ‘গা ছমছম গা ছমছম/ পাড়ার ভিতর দিয়ে/ একটি মানুষ চলে যাচ্ছে/ সংজ্ঞাটুকু নিয়ে’ এসব লাইন আমাকে সাহস দিয়েছিল। ‘প্যান’ সিরিজ লেখার সময় আমি ইন্টারটেকসচুয়ালিটি ভরে দিয়েছি, তার অনুষঙ্গে এসেছিল নীল ক্যাসিডি, জ্যাক কেরুয়াক, নাপাম বোমা, আবার কৃষ্ণ ও মথুরা — এই এক করে দেওয়াটা সহজ হয়েছিল ছন্দের জন্য, অমিত্রাক্ষর চতুর্দশপদী না থাকলে লিখতে পারতাম না, আর সেটা আগের কবিদের কাজ থেকে বুঝতে পারছিলাম, সম্ভব। ‘প্যান’ বা ‘হেই ক্যাবি’ বলে কবিতাটা যা কিছু কিছু বন্ধু এখনো মনে রেখেছে, তার পিছনে এইসব কাজ করছিল। কবিতা পড়ার ক্ষেত্রে। আরও ব্যাপক ভাবে দেখলাম শৌভ চট্টোপাধ্যায় তার ‘মায়াকানন’-এ পরীক্ষা করেছে পয়ার নিয়ে। কবিতার আদল ভেঙে সে নিয়ে এসেছে গদ্যের আকার, প্রবাহমান পয়ার বাংলায় ছিল-ই, শৌভ তাকে কবিতার চেহারা থেকে সরিয়ে এনে গদ্যে

বসিয়েছে। বাংলা মুখের ভাষা যে এতটা পয়ারের কাছাকাছি তা বুঝতে পারলাম আরো একবার।

নব্বই ও পরবর্তী সময়, এই নিউ মিলেনিয়াম আমাদের দ্রুত ঐতিহ্য ও তার বিযুক্তির সঙ্গে যুঝতে যুঝতে নিজস্ব চিন্তা কাঠামো তৈরি করছে। আমরা নিকট অতীত থেকে সুদূর, আমি একটি প্রবন্ধে লিখেছিলাম—

বছর কুড়ি আগে যে ছেলেটার বয়স ছিল দশ — সে দেখেছে, হয়ত বাড়িতে, এই কলকাতা শহরেও কয়লার উনুনে রান্না হচ্ছে, ফোন মানে ভারি কালো গম্ভীর ক্রিরিরিরিং আওয়াজ। ট্রাম চলেছে মন্থর গতিতে। তখনও চিঠি আনে পোস্টম্যান, তাড়াতাড়ি চিঠি পাঠাতে টেলিগ্রাম করতে হয়। আর টেলিভিশন মানে বাঁধাধরা কয়েকটা প্রোগ্রাম। বেড়াতে যাওয়ার এক্সটিক লোকেশন মানে মরিশাস নয় কুলু মানালি বা রোতাং পাস।

এই ছবিটা এখন মনে হয় না কত দূর — ধুসর। এই গল্পটা আমাদের নয়, কোনো এক অন্য যুগের অন্য কোনো মানুষদের গল্প। নতুন আর্থ-সামাজিক ব্যবস্থা এই প্রথম কি আমাদের নাগরিক করে তুলল? এই প্রথম কি আমাদের স্মৃতিতে কোনো কাশবন, ধানের ক্ষেত, বিস্তৃত প্রাকৃতিক নিসর্গের

ব্যক্তিগত ভাঙার নেই? এখন শহরের সীমানা ডিঙলে আরো শহর, হয়ে উঠছে শহর, হয়ে উঠবে শহর আর হয়ে উঠতে চাওয়া শহর রয়েছে। এ কথা একবর্ণ মিথ্যে নয় যদি কেউ একবার দক্ষিণের শহরতলীর ট্রেনে ওঠেন, সোনারপুর, সুভাষগ্রাম, বারুইপুর এই সব জায়গার চেহারা আমূল বদলেছে। আর এই চেহারার বদল শুধু তার বহিরঙ্গের নয়, তার মনেরও বদল ঘটে গেছে।[২]

অথচ টেক্সচুয়ালি আমাদের সাহিত্য, শিল্প, সিনেমা এগুলো সম্পর্কে আমাদের কিছুটা চেতিয়ে রেখেছে। ফলে প্রথম দশকের কবিতায় যাকে শূন্য দশকের কবিতা বলা হয় এই প্রভাব ব্যাপক। আমাদের প্রত্যেককেই এর সঙ্গে খাপ খাওয়াতে হয়েছে। বহু নতুন শব্দ বা ফ্রেজ, হিন্দি বা ইংরেজি থেকে আনতে হয়েছে, অনেক বেশি ফ্র্যাকচার্ড হয়েছে কবিতার কথন। এই ফ্র্যাকচার দিয়ে সমসময়ের কবিদের চেনা যায়। 'তোমাদের চিঠি পড়ে হেসেছি অনেক/ সকালে একটা পিল, সব কিছু সাফ' অতনু চট্টোপাধ্যায় তার 'বাসা ও বদল' বইয়ে এই কথাটা তাই লিখতে পেরেছে। এই যে সাফ হয়ে যাওয়া, এই যে স্মৃতি মুছে যাওয়া এক নিমেষে, কোনো ঐতিহ্য তৈরি হওয়ার সময় না-পাওয়া, এটা এ সময়ের বৈশিষ্ট্য। যা ভাস্কর চক্রবর্তীর কবিতায় দেখতে পাওয়া যায়,

সেইজন্যই কী শূন্য ও তার পরবর্তীদের কাছে ভাস্কর এতটা গুরুত্বপূর্ণ হয়ে উঠেছেন? যে জায়গাটা শক্তি চট্টো পেতেন ভেবে দেখুন, তিরিশের কম বয়সী এখনকার কবিদের কাছে ভাস্কর প্রায় তেমনই। এটা নিয়ে দুঃখ করার কিছু নেই, আমি নিজে নব্বইয়ের লেখক নই, কিন্তু বয়সে কিছুটা তাদের কাছাকাছি বলে হয়তো শক্তি-প্রেম আমারো রয়েছে, তবু এই জায়গাটা অস্বীকার করা যায় না। অতনু একইভাবে তার পরবর্তী কবিতায় দেখি শহর ও শহরতলীর মধ্যে একটা আদানপ্রদান সমকালীন ইতিহাসকে তুলে ধরেছে। কখনো সে চলে যাচ্ছে দক্ষিণ চব্বিশ পরগণার ভাষায়, আবার ফিরে আসছে কলকাতার ভাষায়, কখনো তা বাঁধছে পঞ্চাশের দশকের বাংলা কবিতার ভাষা কাঠামো দিয়ে, একই রকম দেখি জিয়া হক-এর কবিতায়। আমার কবিতায় ইন্টার টেকসচুয়ালিটি আসছে সরাসরি, তা কিন্তু আমি একা করছি না। আশির কবি শ্রীধর মুখোপাধ্যায় যখন ‘বিদগ্ধ ময়ূর’ লেখেন তার মধ্যে দিয়ে আমরা ইউরোপীয় সাহিত্য ও তার অভিঘাত আমাদের লেখায় কী বুঝতে পারি।

এমনভাবে কবিতার কাছে পৌঁছতে গিয়ে একটা নতুন কথন বিশ্ব তৈরি হয়ে যাচ্ছে দেখলাম। আদর্শ রাজনৈতিক হোক বা সামাজিক, বা দর্শন কবিতার উপাদান থাকলেও তা অনেক বেশি ইমেজারি বা কথন রূপেই আসতে লাগল। যদি ফেমিনিজম-এর কথাই বলি। মল্লিকা

সেনগুপ্তদের কবিতার থেকে শূন্য দশকের মেয়েদের কবিতা কতটা আলাদা। তারা ইজম থেকে বেড়িয়ে অনেক ব্যক্তিগত উচ্চারণের দিকে এগিয়েছেন — জেন্ডার নিশ্চয়ই গুরুত্বপূর্ণ, কিন্তু লিঙ্গ সচেতনতাই প্রধান বিষয় হয়নি। রাকা দাশগুপ্ত বা সজ্যমিত্রা হালদারের কবিতায় এটা দেখতে পাই। সোহিনী দাশগুপ্তর 'চকো সিরিজ' কবিতায় দেখি 'চকো' নামে একটা কুকুরের গল্প যা বলছে পুরুষ কথক। দেবাদৃতা বসুর কবিতায় দেখি সে একটা নিজস্ব বিশ্ব তৈরি করেছে তার 'আলফা' সিরিজের, প্রেক্ষাপটটা একেবারেই আমাদের চেনা বাস্তব জগত নয় আবার বটেও। রূপকথার চরিত্ররা বা ঘটনা একসঙ্গে থাকে আমাদের দৈনন্দিনতার সঙ্গে। আর এই রূপকথা যে দেশীয় রূপকথা তা নয়, দেশ বিদেশের রূপকথার চরিত্র এসে ভেঙে দেয় আমাদের দৃশ্যকল্পের সহজ ধারণাগুলো।

এভাবে সময় ঢুকে পড়ে নানাভাবে কবিতার মধ্যে নানা চেহারায়। প্রশান্ত সরকারকে দেখি 'খেলনাযোনির পরী'তে ধর্ষণের মতো একটা নির্দিষ্ট সামাজিক বিষয় নিয়ে লিখতে গিয়েও রেখে দিয়েছে বিশ্বাস, তার পৃথিবীতে রাগ থাকলেও মালিন্য নেই কোনো। একেবারে নিজস্ব চিন্তা, কোনো রকম স্লোগান না দিয়ে লেখা। এবং একজন পুরুষের জায়গা থেকে এই বিষয়টা দেখা সাহসের, কখনো মনে হয়নি সে অহেতুক নারী-স্বর আনতে চেয়েছে কবিতাগুলোয়।

এই সব দেখে আমার মনে হচ্ছে চেনা ধাঁচগুলো ভেঙে পড়ছে কবিতায়। ফলে আমি নিজেও সাহস পাচ্ছি নানাভাবে কাজ করার। একটা ইররেভারেন্স তৈরি হয়েছে, বাংলা করে বললে বলতে হয় পাত্তা-না-দেওয়া। এটা ঠিক অশ্রদ্ধা নয়, ঐতিহ্যিক কবিতার প্রতি সম্মান যায়নি বা মুগ্ধতাও আছে কিন্তু তাতে ঢুকে বসে থাকা আর সম্ভব নয়, এটা ক্রমশ বুঝতে পারছি আমরা, ফলে প্রশ্ন করছি মননকে। প্রশান্ত হালদার এর সদ্য-প্রকাশিত বই 'অজানা জ্বর'-এ দেখতে পেলাম 'কামান উঁচিয়ে কেউ এভারেস্ট-এ নেই/ এভারেস্ট জয় এক বাতিল ধারণা/ তুমি তাকে বুকে নিয়ে ঘুমিয়েছ আজীবন' এভাবে বাতিল ধারণাগুলোকে কবিতার বুকে অকপটে ধারণ করতে পারছি আমরা। বিতান চক্রবর্তী 'শরণার্থী' লিখল, তাতে আসল বইয়ের ছায়া থেকে দেখলাম ছায়া সরছে; সে প্রশ্ন তুলছে সমসময়ের যাপন আর দর্শনের ভাবনার মধ্যে। এই যে আমাদের যাপন ও আমাদের চিন্তা, দর্শন ও শিক্ষার মধ্যেকার সংযোগ/বিচ্যুতি-এর নানা অভিব্যক্তিই হয়ে উঠছে সমসময়ের কবিতা।

নির্মাণশৈলী অথবা মিস্ত্রির ঠুকঠাক

কবিতাকে কোনো রকম অতীন্দ্রিয় অলৌকিক উৎস থেকে আসা কিছু না ভাবলে যা থাকে তা হল নির্দিষ্ট নির্মাণ। এ সময়ে দাঁড়িয়ে কোনো মিউজ বা দেবী কল্পনা করে কেউ

কবিতা লেখেন কি না আমি জানি না, তবে আধুনিক যুগে কবিতাকে একটা মনন-নির্মিত শিল্প বলেই তো ভাবা হয়। এর বাইরে কী আছে বা হতে পারে তার ধারণা আমার কাছে স্পষ্ট নয়, কাজেই আমি নির্মাণ-নির্ভর। স্বতঃস্ফূর্ত যা কিছু আসে তা আসলে একটা অভ্যাস যা রপ্ত করতে করতে মজ্জাগত হয়ে গেছে। তাতে কবিতা হয় নিশ্চয়ই, কিন্তু মন চায় আরো কিছু। সেই আরো কিছু — নির্মাণ। এটা আমার একেবারেই ব্যক্তিগত পছন্দের কথা, এটা আমি আপনাদের উপর চাপিয়ে দিতে চাইছি না।

এই নির্মাণ শৈলী বা পরিকল্পনার ছোঁয়া আমি আরো অনেকের কবিতায় পেয়েছি, তাদের কথা না বললে স্পষ্ট হবে না ব্যাপারটা। 'আদার ব্যাপারী' লেখার সময় যেমন শুভ্রত চক্রবর্তীর 'গম্বুজ নগরের পাখি' খুবই সাহায্য করেছিল। যেভাবে একটা ধারণাকে কেন্দ্রে রেখে গদ্য এবং পদ্যে বুনে গেছেন কবিতা তা আমায় স্বস্তি দিয়েছে, একটা উপন্যাসের মতো বুনট ছিল এই বইটায়, অথচ যাকে কাব্য-উপন্যাস বলে তা মোটেই নয়। ফলে একটা স্ট্রাকচার আমরা দেখতে পাই যেটাকে নাম দেওয়া যাচ্ছে না, অথচ সব মিলিয়ে বুনন আমাকে একই সঙ্গে টেনে রাখছে কেন্দ্রীয় ভাবনার দিকে আবার নিয়ে যাচ্ছে উলটো দিকেও। এই নিয়ে দীর্ঘ দিন কাজ-করে-চলা সব্যসাচী সান্যাল বা শুভ্র বন্দ্যোপাধ্যায়ের কবিতা পড়ার পর বুঝেছি যে এ পথ নতুন

কবিতা তৈরিতে আমাকে সাহায্য করছে কতটা। স্বভাব কবি বিষয়টা আমার কাছে খুব গ্রহণযোগ্য নয়, আর তা দিয়ে নিজের সময়কে ধরতে পারছি না, নিজের চিন্তাগুলো প্রকাশ পাচ্ছে না কবিতায়। আসলে এ সময় যখন মিক্সড মিডিয়া নিয়ে পরীক্ষা হচ্ছে, যখন ছবি-র সঙ্গে শব্দ বা ধ্বনি নিয়ে পরীক্ষা হচ্ছে বা পারফর্ম্যান্স মিশছে তখন বুঝতে পারি যে আমাদের নানা বিচ্যুত অবস্থানকে সামগ্রীকে ধরার জন্য শৈলীতে মন দেওয়া প্রয়োজন। সব্যসাচী সান্যাল যখন 'তদোগেন গিরিতের কবিতা' লেখেন বা শুভ্র লেখে 'জোয়াকিম মণ্ডলের কবিতা' তখন এই যে চরিত্রগুলির কথন ভঙ্গিমা চলে আসে যা আমাদের তথাকথিত কবিতার নিজস্ব সরাসরি স্বরের বিপরীতে থেকে একটা নতুন নির্মাণ ঘটায়। শুভ্র/জোয়াকিম বা আরো পরীক্ষার সঙ্গে তদোগেন/সব্যসাচী-র স্বর আমাদের কাছে নতুন। কবি নিজেকে এলিয়েনেট করতে চাইছে, পার্সোনা তৈরি করছে। কোনো নিদির্ষ্ট পার্সোনা নয়, কবিতা থেকে কবিতা অন্তরে সেই পার্সোনা বদলে যাচ্ছে — এইটা খুব আমাদের সময়ের জিনিস। কারণ, আমরা নিজেদের দু তিনটি পরিচিতি তৈরিতে বাধ্য থাকছি, এই যে ডিজিটাল মিডিয়াম এই যে সোশ্যাল মিডিয়ায় উপস্থিতি এই সব আমাদের পরিচিতিকে সমস্যায় ফেলছে রোজ। কবিতায় এটা ধরা পড়বেই। সিগনেচার

তৈরির চেষ্টা থেকে আমরা বহুস্বরীয় কবিতা তৈরির দিকে যাচ্ছি, গোটা পৃথিবীর কবিতার সঙ্গে তাল মিলিয়ে।

শেষ কথা

এই বক্তব্যগুলো কবির চোখ দিয়ে দেখা — শুভদীপ মৈত্র যে কবি, প্রাবন্ধিক নয় — আমার এখানে উদ্দেশ্য কবি শুভদীপ মৈত্রের কবিতার কলকব্জার সঙ্গে তার সময়ের যে সম্পর্ক তার একটা খোঁজ — এ খোঁজ দ্রুতই করতে হল পুস্তিকার স্বার্থে, অনেকসময় দ্রুত মাথার ভিতর ঘুরে চলা ভাবনাগুলোর সঙ্গে সংহত ভাবনার প্রচুর পার্থক্য তৈরি হয়; তবু, একটা আন্দাজ পাওয়া যাবে আশা করি। বাকিটা আপনাদের উপর।

১. লেখকের প্রবন্ধ: 'তরুণ কবির কণ্ঠস্বর', প্রকাশিত: "কথা সোপান"

২. লেখকের 'বোদলেয়র ও আমাদের না বোঝা আধুনিকতা', প্রকাশিত: "পদ্যপত্র"

আভ্যন্তরীণ কবিতা ও ছদ্ম-আধুনিকতা

অরণ্য বন্দ্যোপাধ্যায়

নিজেকে এই প্রশ্নের মুখে দাঁড় করিয়ে দিতে হয়, কতটুকু আমার পোশাক, আর কতটুকু তার ভেতরের সেই আমি! অন্ধকার, আড়াল, নিজেকে ঢেকে প্রকাশ করা এখন আমাদের অভ্যেস। একে কি ছদ্মবেশ বলা চলে? যদি ছদ্মবেশ হয়, যদি যেমনটা ভাবছি তার বিপরীত কিছু প্রকাশ করে চলি, তবে নিশ্চিত আমি পথ হারিয়েছি। তাই এই ছদ্ম-আধুনিকতার চর্চাকে ভাল চোখে দেখেন না দার্শনিকেরা। অথচ গত কুড়ি বছরে আমাদের বেঁচে থাকায় ক্রমশ জড়িয়ে পড়ছে ছদ্ম-আধুনিকতা। শুধু কী এজন্য যে মিথ্যে সুখ লালন করতে করতে আমাদের প্রকৃত সত্তাকেই আমরা খোয়াতে বসেছি! নাকি দুষ্টু প্রকৃতির, অশুভ বুদ্ধির মানুষ জন্ম নেবে এ পৃথিবীতে, অথচ তাদের থাকবে আড়াল, থাকবে পোশাকি চলন-বলন, যেন তাদের সনাক্ত করা আমাদের পক্ষে কঠিন হয়ে পড়ে। অর্থাৎ ছদ্ম-আধুনিকতায় আক্রান্ত এবং ছদ্ম-আধুনিকতা-র বাহক এই দুই প্রকৃতির মানুষের হাতে আগামী দিনের নীল পৃথিবীর মানচিত্র ঠিক কী হতে চলেছে তা এখন একটি গুরুত্বপূর্ণ প্রশ্ন। এই পরিপ্রেক্ষিতে কী হবে

সাহিত্যের ভূমিকা? এই প্রশ্নের উত্তর খুঁজতেই আমরা যারা পথে নেমেছি, তাঁদের প্রতি সমীহ জাগে। অনেকেই ছদ্ম-আধুনিকদের বর্জনের কথা বললেন। কিন্তু, আমরা যারা অতি সাধারণ তারা কী উপায়ে আজ নির্ণয় করব সাহিত্য মূল্য? নাকি স্রেফ 'ভাল'-লাগা, আর 'মন্দ'-লাগা-র মধ্যে সীমিত রাখব নিজেদের গ্রহন ও বর্জন? সময়ই এর উত্তর দেবে।

সমকালের সাহিত্যে ছদ্ম-আধুনিকতার বিপুল উদাহরণ দিয়ে মাঝে-মাঝেই পাঠক তাঁর উষ্মা প্রকাশ করেন। এমন অভিজ্ঞতা আমাদের সবারই কম-বেশি আছে। বর্তমান লেখকের ধারণা এসব এড়িয়ে যাওয়াই শ্রেয়। আগাছা আর বিষাক্ত গাছের শেকড় যেভাবে মাটির অতি গভীরে প্রবেশ করতে পারে না, তেমনই ছদ্ম-আধুনিকতার প্রভাব যতই ব্যাপক হোক না কেন, এক ঝড়ে তা ভূপতিত হবে — এমন কথাও দেখেছি কিছু সাহিত্যিক বিশ্বাস করেন।

কিছু কবিতার কথা এখানে উল্লেখ করছি যা বারবার আমাদের প্রবৃত্ত করে ছদ্ম-আধুনিকতা-মুক্ত সাহিত্যপাঠ ও রচনায়। মোদ্দাকথা, যে লেখাগুলোর কথা উল্লেখ করছি, হতে পারে অনেকের কাছে গভীর অনুপ্রেরণাময়।

তখন সদ্য কবিতা-চর্চায় মনোনিবেশ করেছি আমরা। কেউ আমাদের চেনেন না। চিনতেও বুঝি অনেকের আগ্রহ কম! এসব দিনে উড়ে-পুড়ে, বেড়াতে-বেড়াতে, মাঝে-

মাঝে উপস্থিত হতাম এমন সব আশ্চর্য ও আনন্দের সামনে যা আমাদের 'নিজেকে' বুঝতে শিখিয়েছিল। এক বন্ধু পড়াল "বৃষ্টিদিন" নামের একটি পত্রিকা। যত পড়ি ভাল লাগে। সেখানেই পেলাম একটি কবিতা।

সেই তো প্রেমিক/ যে তোমার/ পায়ের পাতার গোদ-মাংস ছেঁটে দেয়।// যে তোমার উরু থেকে/ ছেঁটে দেয় অতিরিক্ত শিলা। // তোমার উদর থেকে মেদ।// স্তন থেকে গা-ঢিলেমিজনিত বার্ধক্য/ ছেঁটে দেয়।// সেই তো প্রেমিক/ যে তোমার/ পায়ের পাতায় রেখে রক্তকব্জি/ হাতুড়ি ও ছেনি// থেকে থেকে বিস্মিত, পাথর... ("শিল্প", 'বৃষ্টিদিন', বইমেলা সংখ্যা ১৪০৮, শোভন ভট্টাচার্য, পৃষ্ঠা ৮৫)

নিজের শিল্প নিয়ে কোনও বাড়াবাড়ি কথা নয়, বরং এ কবিতায় আছে শিল্প নিয়ে কবির বিস্ময়ের একটা ভাব-ভঙ্গি। হয়তো ঘটনাচক্রে শিল্পকর্মটি তাঁর নিজের, কিন্তু পাঠক লক্ষ্য করুন 'পাথর' শব্দটিকে। এবং তারপর চলমান তিনটে বিন্দু (সাইন অফ এলিপসিস)। নিজের শ্রম, শিল্পের পায়ের পাতায় রেখে, শিল্পী যেন মুখ উঁচু করে তাকিয়ে দেখছেন তাঁর কাজ। এই একান্ত মুহূর্তটি নিশ্চল ও ঘনীভূত। 'পাথর' শব্দটি যেন তার দ্যোতক। কিন্তু, সে-ই তো শিল্পী যিনি

প্রেমিক। পাঠক অনায়াসে দেখতে পাচ্ছেন এই বিরল দৃশ্য — প্রেমে যে গোপনীয়তা বাধ্যতামূলক নয় তা কবি জানেন। বস্তুত, প্রেমিক ছদ্মবেশী নন, বরং তিনি এক গভীর সত্তা।

কিছু কিছু কবিতা থাকে যা সময়ে-সময়ে পাঠকের মনে উপস্থিত হয়। ধরা যাক, আপনি ট্রেনে চেপে কোথাও যাচ্ছেন, আর ছুটে যাওয়া দৃশ্য থেকে একটু একটু করে আপনার মধ্যে ঢুকে পড়তে লাগল সেই পথের কবিতা—

মোকামা স্টেশনে বাচ্চা ছেলেটা/ ট্রেনে উঠে এসে ঝাড়ু দিয়ে যায়,/ ক'টা রোগা লোক বেচে এটা-সেটা,/ ভিক্ষাপাত্র হাতে নিয়ে দুখী পরজীবী গায়—/ বাঁচার লক্ষ্যে জীবনের গান, ছন্ন জীবনে/ সরষের খেত পাড়ি দিয়ে এক অন্ধ বালক/ সঙ্গিনীটির সঙ্গে উঠেছে সকালের ট্রেনে,/ তার গলা বেয়ে স্বরগ্রাম কাঁপে, সে গায়— "(আঁখিয়া)/ হরিদরশন কে পিয়াসে" ... সুর সমান্তরাল পথের ওদিক/ ধরে উড়ে চলে সারা দিনরাত,/ হরিদর্শন-পিয়াসী আঁখিয়া কুয়াশার নদী পার হয়ে যায়... // শূন্যই থাকে সঙ্গিনীটির ভিক্ষের হাত,/ জীবনের খোঁজ করতে করতে বড় হিয়া স্টেশনে ওরা নেমে যায়। ("পিয়াসী আঁখিয়া", 'নিসর্গ ও মনসুর', দেবাশিস দাশ/ পৃষ্ঠা ১৭)

মন-উদাস-করা এমন কবিতা, শুধুমাত্র কবির রোম্যান্টিক অনুভূতির প্রকাশ নয়। আমরা লক্ষ্য করলে দেখতে পাব কবিতাটিতে সরাসরি বর্ণনায় উঠে এসেছে বহু চেনা কিছু দৃশ্য। অথচ একবারের জন্যেও তাদের ক্লিশে বলে মনে হয় না। বরং কবিতায় সর্ষে খেত পেরিয়ে এক অন্ধ বাদক ও তার সঙ্গিনীটির ট্রেনে ওঠার দৃশ্যটি পাঠককে উদাস করে। 'বড়ু হিয়া'-নামের স্টেশনের উল্লেখও ইঙ্গিতময়। হিন্দি শব্দবন্ধ 'বড়ু হিয়া'-র মানে যাই হোক না কেন এখানে তা যেন হয়ে ওঠে হৃদয়ের শূন্যস্থান। 'ছন্ন'-জীবনের মানুষদের সঙ্গে এই কবিতাটি কোথাও যেন এক হয়ে আছে।

এতক্ষণ যে কবিতা বিষয়ে আলোচনা এগিয়েছে তাতে কোথাও স্বীকারোক্তিমূলক কবিতা ছিল না। অনেকেই বলে থাকেন, বিশেষত প্রাতিষ্ঠানিক শিক্ষার সঙ্গে যুক্ত পাঠকেরা মনে করেন আধুনিক বাংলা কবিতা মূলত স্বীকারোক্তিমূলক। সব সময় যে এই মতামত মেনে নিতে পারছি তা নয়; তবে তার চেয়েও বড় প্রশ্ন স্বীকারোক্তিতে আপত্তি কোথায়? নিজের মনের কথা ভাষায় প্রকাশ করেন একজন কবি। তাঁর মনোজগতে যদি এমন কোনও কথা থেকে থাকে যা তিনি স্বীকার করতে চান, তবে সেও তো হতে পারে পড়ে দেখবার মতো বিষয়! এখানেও কি উঠে আসছে না ছদ্মবেশ পরিহারের বিষয়টি?

যে ছেলেটি আমার মনের মতো নয়,/ সে যদি আমার বুকে মাথা রাখে, বুক খসে যাবে?// ভেবেছি অনেকবার, তবু, সে যখন কাছে আসে,/ পাগলের মতো শুধু ছুঁতে চায় মুহূর্তের প্রেমে,/ আমারও কেমন লাগে।/ আমি জানি। এইসব কষ্ট জানি। ছোঁওয়া জানি।/ ছুঁতে চেয়ে থেঁতলে যাওয়া জানি।/ যখন ঈষৎ দূরে বসে থাকে আমার মনের মতো ছেলে,/ আমি তো এমনই করি,/ মাথা খুঁড়ি পাথরে, শরীরে!/ সে কবে আদর করবে, শুরু হবে মানুষ জন্মের// ততদিন — প্রেম নয়, আমি কোনও করুণার দেবী...   ("দেবীজন্ম", 'বলো অন্যভাবে', মন্দাক্রান্তা সেন, পৃষ্ঠা ৩৯)

এই কবিতাটিতে এক অল্পবয়সী পুরুষের প্রতি একজন নারীর অনুভূতি প্রকাশ পেয়েছে। যদিও পুরুষটি তার পছন্দের নয়, তবু নারী চরিত্রটি সেই পুরুষটির গ্রহণযোগ্যতা না-থাকা সত্ত্বেও তাকে নিজের থেকে দূরে ঠেলে দিতে পারে না। বরং পুরুষটির প্রতি সমব্যথী ও করুণার ভাব প্রকাশ ক'রে নারীচরিত্রটি তার নিজের সঙ্গে পুরুষটির মানসিক সাদৃশ্য খুঁজে পায়। এখানেই কবির কৃত্রিমতাবর্জিত কাব্যভাবনার প্রকাশ। সহজ, সরল, অকপট কিছু স্বীকারোক্তি।

ঘরের টান ছিঁড়ে গেলে কোথায় যায় মানুষ? এই মন-কেমন-করা প্রশ্নের উত্তর খুঁজে পাওয়া বোধ হয় চিরকালই কঠিন। আমরা জানতে পাই, হারিয়ে-যাওয়া মানুষ, তার স্বজনদের উদ্বেগ! কিন্তু, কতজনই বা ফিরে আসেন? এমন এক অবস্থায় কোনও কবিতা কি তাকে নিরুদ্দেশের পথ থেকে আগলে রাখতে পারে?

নিরুদ্দেশ হয়ে গেছে যে যুবক তার কথা ভাবি/ ভাবি এই বিকেল পাঁচটা তিপ্পান্ন মিনিটে কী করছে সে?/ রানিক্ষেতের কোন এক ধাবায় চায়ের গ্লাস ধুচ্ছে?/ চলে গেছে পাহাড়ে-জঙ্গলে, জঙ্গিদের গোপন ডেরায়?/ নাকি দশ মিনিটেই ট্রেন তাকে নামিয়ে দিয়েছিল যে গ্রামে/ তার শস্যখেতের সবুজ সে দুচোখ ভরে/ শুষে নিচ্ছে আজ?//সে কি জানে/ তিন মাস পেনশন না পাওয়া তার বাবা/ গ্রাম ছেড়ে যে রাস্তা চলে গেছে দূরে, সেদিকে তাকিয়ে ভাবে—/ কতদূর যেতে পারে রাস্তা, কতদূর?// সে কি জানে/ রুটি বেলতে বেলতে তার মা/ অন্ধকারের দিকে তাকিয়ে ভাবে এই সেই আঁধার, তার প্রথম গর্ভ/ যা তাকে একদিন ঠিক ফিরিয়ে দেবে কোলের সন্তান?// সে কি জানে?/ সে কি জানে/ এক লহমায় সে পিছনে ফেলল

যাকে/ কী কষ্টে কী যত্নে কত সহস্র বছর ধরে/ মানুষ গড়েছে সেই ঘর? ("নিরুদ্দিষ্টের প্রতি", 'কৃত্তিবাস', নবপর্যায়, জানুয়ারি-মার্চ ২০০৫, অংশুমান কর, পৃষ্ঠা ৫১)

বিপন্নতাকে রোধ করার ক্ষমতা আমাদের কারও নেই। অথচ, দিন-দিন তা গভীর থেকে গভীরতর হয়ে উঠছে। আধুনিকতা কি পিষে দিচ্ছে না মনের নরম সংবেদনশীলতাকে? এই শূন্য আয়তনের মধ্যেই কবির উচ্চারণ যেন আমাদের অবুঝ মনকে কিছুটা স্বস্তি দিতে চায়। পরের কবিতাটি পড়া যাক।

খুব কাছ দিয়ে মেনরোড গ্যাছে/ রাতের বাতাস চিরে/ উড়ে আসে ভারী ট্রাকের চিৎকার—// ফুল ফুটতে অনেক দেরি, এখন/ খালাসির ঘামগন্ধে জ্যোৎস্না পড়ে ঝিলমিল—// ধাবার টেবিলে রাত্রি ব'সে আছে,/ দারুণ, চোস্ত ড্রাইভার ("রাত্রিঘাট", 'উট-পালকের ডায়েরি', কিশোর ঘোষ, পৃষ্ঠা ২৬)

নিজস্ব সময়ের হাইওয়ে দিয়ে চলার মুহূর্তে যে সব দৃশ্য ক্রমশ মস্তিষ্কে গেঁথে যায়, এই কবিতাটি তাকে বহন করে। ধাবার টেবিলে বসে-থাকা রাত এখানে ধারালো। এবং

ড্রাইভারটিও তথাকথিত সময়ানুবর্তিতার বাইরে 'চোস্ত'। কোনও পরিতৃপ্তি ছাড়াই জ্যোৎস্না-স্নাত ঘামগন্ধও ফুলের সুবাসের চেয়ে অনেক কাছের, অনেক-অনেক খাঁটি বলে মনে হয়। কৃত্রিমতা বা ছদ্ম-আধুনিকতার নামগন্ধ নেই অন্তত এই কবিতায়।

'সংহার' শব্দটির অর্থ সম্যকরূপে আহরণ। যা কখনওই ধ্বংস নয়। এখন যে কবিতাটির কথা উল্লেখ করছি তার সঙ্গে সম্পর্ক রয়েছে এই শব্দটির। ভারতীয় ইংরেজি সাহিত্যের এই কবিতাটিতে রয়েছে কবির আত্মোপলব্ধির গাঢ় নির্যাস যা আমাদের একক মুহূর্তে ভাবিয়ে তোলে।

With every earthquake I realize/ I have failed to express/ Much attention/ To my Mother// She has a right to take me into her/ Again// I know she will take/ Enough care/ As she took before// World, you may comment on material loss/ Only the Mother understands her rupture pain ("Womb," *The Earthen Flute*, Kiriti Sengupta, page 19)

ভূগর্ভের টেকটনিক আন্দোলনে স্থিতাবস্থার যে পরিবর্তন, তা আসলে আদিম প্রকৃতির স্বাভাবিক নিয়মে ফেরা। এই কবিতায় ভূমিকম্প যেন শিশুর প্রতি মায়ের পরিচর্যারই একটি অংশ। যখন ভূমিকম্পের প্রসঙ্গটি কবিতায় এসেছে, প্রকৃতি মায়ের প্রতি আমাদের মনোনিবেশের অভাবের কথা উল্লেখিত হয়েছে। অথচ, আদি মাতার সম্পূর্ণ অধিকার রয়েছে আমাদেরকে সম্যকরূপে আহরণ করার। এর পোশাকি নাম হতে পারে মৃত্যু। এখানে এসে প্রশ্ন জাগে, প্রকৃতির বিরুদ্ধাচরণ কি আধুনিক মানব সভ্যতার অঙ্গ নয়? এই টানাপোড়েনেই কবি ও পাঠক ঋদ্ধ ও জর্জরিত হচ্ছেন বারবার।

এবার অন্য একটি কবিতার কথায় আসি। বলি, আপনার ভালো নাম কি? অথবা, আপনার 'শুভ নাম'? এমন প্রশ্নের মুখোমুখি হননি এমন মানুষ বোধ হয় খুব কমই আছেন। অথবা, কেউই নেই। আসলে নামের সঙ্গে জড়িত মানুষের অস্তিত্ব প্রকৃতপক্ষে তার নিজস্ব 'আমি'। মানুষ কি কখনওই তাকে পেরিয়ে যেতে পারে?

(1) That my name is common/ is not my fault./ It is a part of the package/ from my past, a lock/ I am trying to loosen./ Sometimes, I question/ why my name is   ordinary./   But,   that   is

discomforting./ It is like asking:/ why am I me?// (2) I want people to call me *Nanu./ Nanu.* That is the real me./ *Sanjeev* is the frontal/ part of my existence./ When you attach *Sethi* to it,/ you are adding/ the burden of many births. ("Name," *This Summer and That Summer*, Sanjeev Sethi, page 4)

আমাদের অন্তরের নাম, যা নির্ভার তাকে বহনের প্রশ্ন নেই, কিন্তু যে নাম পারিবারিকভাবে প্রদত্ত তাকে কে বহন করবে? এই প্রশ্নের সামনে দাঁড়িয়ে আছে অনন্তকালের পাঠক। এত কৃত্রিমতা সত্ত্বেও, এত ভণিতা এড়িয়ে যাওয়ার ক্ষমতা আজও দেখি আছে সমকালীন সাহিত্যে। শুধু তাকে অন্তর থেকে পাঠ করার ইচ্ছে যেন হারিয়ে না যায়।

www.ingramcontent.com/pod-product-compliance
Lightning Source LLC
Chambersburg PA
CBHW031808150726

47989CB00006B/2926